구매관리 조직
실무능력개발 매뉴얼

효산경영연구소
지식 · 인력개발교육원

편창규 · 편제호

신간 실무능력개발 매뉴얼

* 경영기획 조직   * 경영관리 조직   * 인사관리 조직   * 영업관리 조직
* 마케팅전략 조직   * 회계관리 조직   * 재무관리 조직   * 총무관리 조직
* 고객관리 조직   * 구매관리 조직   * 생산관리 조직   * 품질관리 조직
* 기술개발 조직

머리말

저자가 직무분석 연구를 시작한 것은 산업교육 전문기관인 주)아시안컨설팅에 경영진단팀이 신설되고 이 팀의 책임자로 합류한 후 1991년 7월부터 92년 2월까지 7개월 동안 한국방송공사의 『KBS의 합리적 인원관리를 위한 직무분석』 연구를 시작하면서 부터이다.

이 후 1993년 1월 효산경영전략연구소(효산경영연구소 전신)를 설립한 후 쌍용자동차, DB손해보험(구 동부화재), KDB생명(구 금호생명), 효성생활산업(효성에 합병), 기아정기(현대모비스에 합병), 한국프랜지, 한국유리공업, 인천국제공항공사, 한국산업인력공단, 한국도로공사, 공무원연금공단, 국민연금공단, 한수자원연구원, 한국전력연구원, 일산병원, 한국가스안전공사 등에 대한 직무분석 연구를 수행하였으며, 최근에는 순천대학교 『에너지자동화사업단 전기전자공학부 교과과정 개선을 위한 직무분석 연구』를 수행하였다.

강산이 3번쯤 바뀌는 27년 동안 책임연구원으로 직무분석(조직설계, 정원산정, 인사제도 설계)연구와 경영진단, 경영평가 연구를 수행하여 왔으니 때로는 직무분석 전문가가 아니라 道人(도인)이 된 것 같은 착각과 환상에 젖는 경우도 있었던 것 같다.

오랜 기간 동안 직무분석 연구를 통해 용역수행 기업에는 기업성장과 인적자원관리 제도발전에 많은 도움을 주었다고 자부할 수 있으나 조직원에게는 어떤 도움과 영향을 주었을까?

머리말

　　직무분석 연구결과 활용으로 설계된 신조직이 안정되고, 표준직무에 따라 적정정원이 성과지향적인 역할을 효율적으로 수행하여 기업이 성장·발전하게 되면 조직원들의 귀속성과 직무만족도가 향상되었을까?

　　혹시 직무분석 연구결과로 산출되는 신조직구조, 신직무편재, 정원 재조정, 직무가치 중심의 성과관리로 인해 업무활동을 더 힘들게 하지는 않았을까?

　　이러한 조바심이 들면서 그동안 연구한 직무분석 결과를 활용하여 조직원들에게 도움을 줄 수 있는 방법은 없을까를 고민하든 중, 조직원들의 직무능력개발과 실무적응력을 향상시킬 수 있는 교육프로그램을 설계한 후, 교육교안으로 본서를 저술하였다.

　　실무능력개발을 지원하는 온라인교육과 실무방법을 첨삭지도 하는 오프라인 교육을 위해 1차로 3개 직종(관리, 영업, 생산), 13개 조직(경영기획, 경영관리, 인사관리, 총무관리, 영업관리, 마케팅전략, 고객관리, 재무관리, 회계관리, 구매관리, 생산기술, 품질관리, 생산관리)에 대한 교육프로그램을 운영하게 된다.

　　본서는 기업조직에서 직무수행에 필요한 조직구조, 조직기능, 조직역할, 타 조직과의 업무협업, 표준직무, 직무목표에 대한 학습내용과 업무방법, 업무지식, 실무능력, 업무행동 개발방법이 구성되어 있다.

　　이러한 관점으로 저술된 본서는 Ⅰ장에서 산업환경 변화와 기업인재상, Ⅱ장은 조직기능과 편재직무, Ⅲ장 직무수행능력 관리, Ⅳ장 핵심직무 실무능력개발, Ⅴ장 조직행동과 직무적성관리, Ⅵ장 학습내용 평가로 저술되어 있다.

　　특히 Ⅳ장에는 조직별로 가장 핵심적이고 중요시 되는 실행업무

4~5개를 선정하여 "업무과제, 업무목표, 업무절차, 업무방법, 업무역할, 업무성과" 내용이 저술되어 있으므로 관련내용을 학습할 경우 실무능력이 우수한 인적자원으로 성장·발전할 수 있도록 하였다.

본서를 활용하여 온라인교육 과정에 참여할 경우에는 실무능력개발을 위한 사전 예비학습이 필요하다. 예비학습 방법으로는 본서의 Ⅱ장과 Ⅲ장에 구성되어 있는 조직기능과 편재직무, 직무수행능력 관리 내용을 1회이상 필독하여 표준직무, 업무프로세스 업무역할, 업무역량에 대한 기초 개념이 이해되도록 한다.

조직별 표준직무에 대한 기초개념이 정립되지 않은 상태에서 온라인교육을 이수할 경우 지식습득은 가능하나 체험·숙련·응용능력이 개발되지 않아 조직에 편재된 직무수행(방법, 역할, 능력, 성과)에 필요한 실무능력개발 학습이 어렵기 때문이다.

한편 본서를 활용하여 온라인교육에 참여하지 않고 자기 학습할 경우에는 예비학습 대신 학습단계를 1차 학습과 2차 학습단계로 구분하여 학습하는 것이 효과적이다.

1차 학습단계에는 본서에서 표현되는 용어들이 이해될 수 있도록 개념중심의 학습을 이행한 후, 2차 학습단계에서 조직별로 편재된 표준직무의 이해(목표, 성과)와 업무흐름, 업무역할, 업무방법을 학습하기를 권한다.

학습방법의 선택은 독자들의 몫일 수 있으나 본서가 지향하는 학습내용은 조직별로 업무역할에 대한 이해와 업무성과를 달성하는데 필요한 실무능력개발에 목표를 두고 있으므로 이러한 교육효과를 나타내는 학습방법의 선택이 중요하다.

머리말

　그리고 본서를 활용하여 취업에 필요한 실무능력을 개발할 경우에는 본서의 자매 서적으로 취업희망 직업분야 선택에 도움을 주는 참조 도서인 "the Job 오케스트라"와 직종·직렬별 직무분야와 업무역할 안내 도서인 "취업 & 직무능력개발 어떻게 할 것인가?"를 활용하여 취업방향 탐색 즉, 취업희망(성장 잠재력)분야 선정과 직무분야를 선택한 후, 취업에 필요한 실무능력을 개발하여야 한다.

　만일 취업희망 분야와 실무능력개발 분야가 다를 경우 특정분야의 실무능력을 갖추고서도 타 분야에 취업을 희망한다면 실무면접에서 좋은 평가를 받을 수 없기 때문이다.

　따라서 취업에 성공하기 위해서는

　1단계로 미래성장 산업분야를 탐색하여 선택한 후,

　2단계에서 적성과 인성에 적합한 취업희망 직무분야를 선정하고

　3단계에서 취업희망 직무(조직)분야의 실무능력을 개발하여 취업
　　　　　　경쟁력을 향상 시켜야 한다.

　끝으로 본서의 저술목적에 부합되는 학습방법 선택으로 독자들의 학습목적이 성취되기를 기원한다.

　감사합니다.

2018. 6. 28

대표저자 편 창 규

- 목 차 -

Ⅰ. 산업환경 변화와 기업인재상

1. 산업환경 ·· 11
   1.1 산업환경 변화 ··· 11
      가. 연대별 국내 산업성장 동향 ·· 11
      나. 산업성장 패러다임 변화 ·· 12
   1.2 인적자원변화 ··· 14
      가. 인적자원관리 ··· 14
      나. 인적자원모집 ··· 14
      다. 인적자원관리 환경 ·· 14
   1.3 인력관리 패러다임 변화 ··· 15
      가. 글로벌 인재육성 ··· 15
      나. 직무역량 전문화 관리 ·· 16
2. 기업인재상 ·· 16
   2.1 대기업 인재상 ··· 17
   2.2 중소기업 인재상 ··· 17
   2.3 기업인재상 관리모델 ··· 17
3. 직무역량관리 ·· 18
   3.1 기업정보관리 ··· 19
      가. 기초정보 ··· 19
      나. 경영정보 ··· 19

목 차

　　　다. 직무정보 ··· 19

　3.2 자기점검관리 ·· 19

　　　가. 직무선호도 ··· 19

　　　나. 직무역량 ·· 20

　　　다. 기업적합도 ··· 20

　3.3 직무역량관리 ·· 20

　　　가. 목표직무 요건 준비 ·· 20

　　　나. 직무기초능력 학습 ·· 20

　3.4 자기 이미지 관리 ·· 21

4. 학습내용 평가 ·· 22

Ⅱ. 조직기능과 편재직무

1. 조직기능과 구조 ·· 23

　1.1 조직기능 ··· 23

　1.2 조직구조 ··· 24

2. 조직 직무편재 ·· 26

　2.1 표준직무 편재 ·· 26

　　　가. 편재직무 특성과 역할 ··· 27

　　　나. 표준직무 편재내용 ·· 29

3. 학습내용 평가 ·· 30

Ⅲ. 직무수행능력 관리

1. 직무수행요건 ·· 33

1.1 직무가치 ··· 33
1.2 직무지식과 실무능력 ··· 34
　　가. 직무지식관리 ··· 34
　　나. 실무능력관리 ··· 35
　　다. 업무역량과 업무 행동관리 ··································· 35
1.3 조직몰입도 관리 ·· 36
　　가. 조직몰입도 관리항목 ··· 36
　　나. 조직몰입도 영향요인 ··· 37
2. 직무능력 학습 ··· 40
3. 학습내용 평가 ··· 42

Ⅳ. 핵심직무 실무능력개발

1. 구매계획관리 직무 ·· 45
　1.1 구매시장 조사 ·· 45
　1.2 구매정보관리 ·· 47
　1.3 구매계획 수립 ·· 50
2. 구매명세서 관리 직무 ·· 53
　2.1 조달품 사양관리 ·· 53
　2.2 납기 준수율 관리 ·· 55
3. 구매발주관리 직무 ·· 56
　3.1 조달제품 계약관리 ·· 56
　3.2 수입물품 구매관리 ·· 59
　　가. 신용장 개설 ··· 60

목 차

    나. 수입품 통관 ·· 62

    다. 수입품 구상관리 ··· 62

4\. 외주협력업체 개발 업무 ·· 64

  4.1 외주업체 선정 ·· 64

  4.2 외주협력업체 관리 ·· 67

  4.3 협력업체 지도 ·· 69

5\. 조달품 입고관리 직무 ··· 71

  5.1 조달품 검사 기준관리 ··· 71

    가. 원·부자재 및 구매품 검사 ·· 71

    나. 시작품 검사 ··· 72

    다. 초기 양산품 검사 ·· 72

    라. 양산 납품 시 검사 ·· 73

  5.2 검사실시 ··· 73

    가. 검사절차 ··· 73

    나. 검사 후 조치 ··· 74

    다. 검사결과 기록 및 유지 ··· 76

  5.3 조달 자재관리 ·· 77

6\. 학습내용 평가 ··· 81

Ⅴ. 조직행동과 직무적성관리

1\. 조직행동관리 ·· 85

  1.1 직무적응력 관리 ·· 85

    가. 직무적응력 개발 ·· 85

나. 직무적응력 향상과제 ·· 85
　　다. 계층별 직무적응력 ·· 86
　　라. 핵심직무 적응력 관리 ·· 88
　1.2 업무동기관리 ·· 88
2. 직무적성관리 ·· 92
3. 학습내용 평가 ·· 94

VI. 학습내용 평가

1. 학습내용 평가관리 ·· 97
2. 평가결과 활용 ·· 98
3. 학습내용 평가 정답 ·· 99

Ⅰ. 산업환경 변화와 기업인재상

1. 산업환경

1.1 산업환경과 변화

□ 산업성장성과 라이프사이클 및 경영패러다임 변화에 따라 새로운 직업이 분화되면서 채용분야 및 규모가 결정되어 왔음

가. 연대별 국내 산업성장 동향

□ 1980년대 기초소재 산업성장
- 경공업, 기계, 철강, 전기, 화학, 건축, 토목 산업 발달

□ 1990년대 기술집약적 산업성장
- 중화학, 정밀기계, 석유화학, 금속가공, 조선, 전자, 전기, 가전, 건설플랜트, 자동차 산업 발달

□ 2000년대 지식집약적 산업성장
- 서비스, 정보통신, 반도체, 사회·문화·예술, 금융·보험 산업 발달

□ 2010년대 IT기반의 정보네트워크 산업성장
- 신소재, 게임 및 연예오락, 기술 융·복합, 생명공학, 항공, 에너지, 지식기반 서비스산업 발달

□ 2020년대 인공지능 테크놀로지 산업성장
- 생명공학, 로봇, 우주항공, 개인 서비스산업 성장 예측

나. 산업성장 패러다임 변화

□ 산업기술의 발전과 소비자 생활패턴의 다양화에 따라 사업관리 역할의 다원화가 추진되고 있음

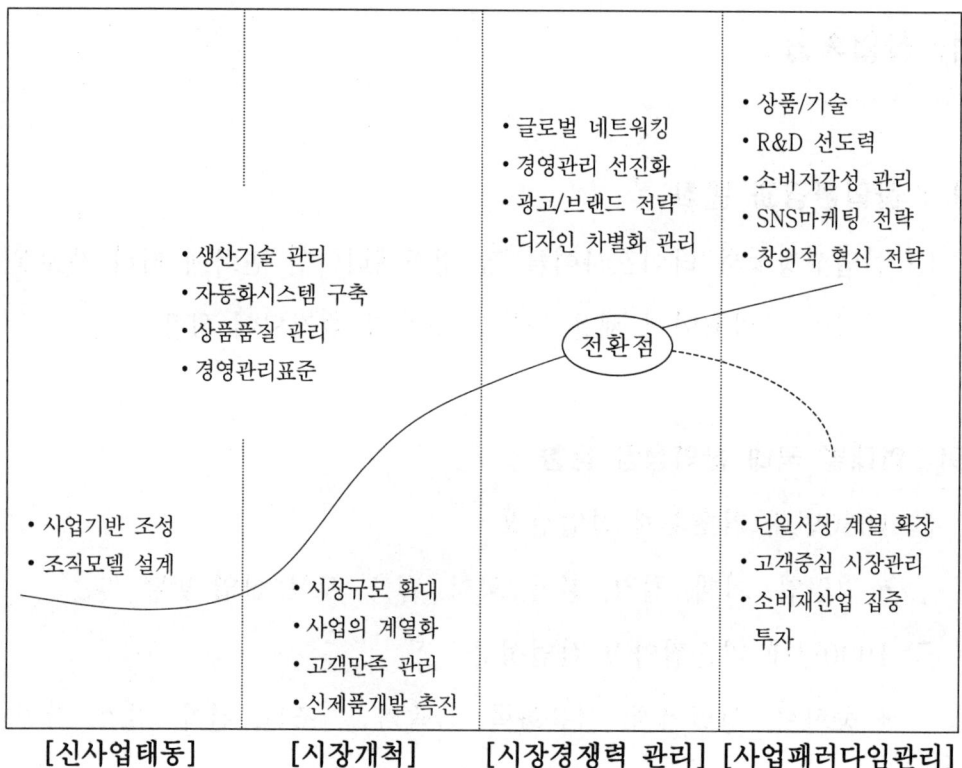

산업환경

- 글로벌 경제시스템의 지식기반사회 발달
- 신산업의 창조와 성장사업의 확장
- 새로운 사업모델과 경영자원의 다차원화
- 사업의 계열화와 전문화 촉진
- 산업성장 사이클 단축과 사회문화의 변화

□ 미래 성장산업 예측
- 산업성장 패러다임에 따라 신산업이 태동하거나 새로운 산업으로 분화되어 인적자원 시장이 확장되고 있음

[미래 성장산업 분야]

구분		사업분야	
미래지식 서비스 산업	지식정보 서비스 산업	• 원격의료 서비스 • 질병정보 시스템 • 안전재난 방재산업	• 디지털 콘텐츠 • 전문직 서비스
	생산기반 서비스 산업	• 연구 엔지니어링 • 광고 및 디자인 • 지능형 종합물류	• 나노정밀 산업 • 신기능 복합소재 • 정밀화학 소재
성장 잠재력 서비스 산업	문화관광 서비스 산업	• 문화·관광 콘텐츠 • 오락·게임 산업 • 섬유패션 산업	• 항공레저 산업 • 관광산업
	생명과학 서비스 산업	• 신재생 에너지 • 친환경 기술산업 • 인공지능형 로봇	• 바이오 신약사업 • 인지 뇌과학 • 수자원 산업
	미래성장 서비스 산업	• 정보통신 기기 • 전자의료 기기 • 수소에너지 기술	• 항공우주 산업 • 산업용로봇 산업
미래유망 직업	25년 미래산업 (유엔미래보고서)	• 최고경영 관리자 • 브레인 퀀트 • 오피스프로드스 • 디지털 고고학 • 기억수술 전문의 • 인공지능 서비스	• 임종설계사 • 유전자 상담사 • 거래 중개인 • 결혼·동거 상담 • 탄소배출권 • 수소연료 전지

I. 산업환경 변화와 기업인재상

1.2 인적자원 변화

가. 인적자원 관리

□ 산업성장 패러다임의 변화와 지식기반 사회발달에 따라 인적자원의 역량 전문화를 추진함
- 핵심역량 직무중심 우수 인재상 정립과 육성
- 소수정예 글로벌 인재채용과 융·복합 인재 육성
- 성과중심 처우·보상과 인적자원 관리
- 직무분야별 상시 경력직 채용과 직무능력 적합성 평가

나. 인적자원 모집

□ 산업환경과 인적자원 관리 방법에 따라 채용방법이 지속적으로 변화되어 왔음

[연대별 인력수급 방법]

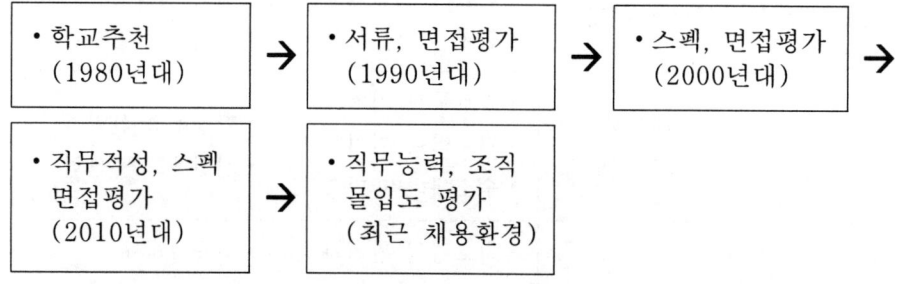

다. 인적자원 관리환경

□ 직무능력 중심의 자원관리
- 직무적응력을 중시하며 직무수행요건 적합성 평가

- 조직적응력을 중시하며 직무적성과 인성평가
□ 성과중심 인력관리
- 조직목표 실현 직무능력과 조직행동 및 업무성과 평가
- 직무가치 중심의 업무성과와 역할실행력 평가
□ 인적자원 육성관리
- 우수인재 설정 및 인적자원 경력관리
- 핵심직무 전문가 육성과 교육훈련 관리

1.3 인력관리 패러다임 변화

가. 글로벌 인재육성

□ 직업의 가치관이 평생직장 개념에서 평생직업 개념으로 변화되면서 직업계열화와 직무능력 전문화가 추진되고 있음
- 개인중심 성향으로 인해 인적자원 활용에 중점을 en는 경향을 나타냄
- 장기비전과 성장전략에 부합하는 기업 인재상 구축과 인적자원 육성방향 설정
- 글로벌 인재채용으로 직무역량의 다원화와 직무능력개발 선택과 집중화 관리
  - 전문지식과 숙련된 사업기획 및 전략운영능력 개발
  - 기초지식과 전문화된 업무성과 관리능력 개발
  - 표준직무 이해와 업무시스템 운영능력 개발
- 신입사원 직무 부적응과 조기 퇴직자 관리를 위한 기업 인재상 적합도와 조직몰입도 수준 평가

나. 직무역량 전문화 관리

☐ 직무속성 학습
- 직무종류, 직무가치, 직무목표와 성과, 직무수행방법 학습

☐ 직무능력개발
- 전문지식, 기초지식, 실행방법 숙련, 업무몰입행동, 업무동기

☐ 업무프로세스 운영능력 개발
- 업무시스템, 업무네트워크, 업무권한과 책임, 업무통제 및 조정방법

2. 기업 인재상

☐ 산업환경 변화에 따른 경쟁력 제고와 우수한 인적자원 육성방향을 설정하기 위해 인재상을 정립하고 채용, 직무순환, 교육 및 훈련, 경력개발 제도에 연계시켜 전문 인력 육성체계를 확립함

- 경쟁 심화에 따른 비전과 미션, 전략추진 인재상 정립
- 전사적 경영방침 공유를 통한 조직목표의식 고양과 조직몰입 동기부여
- 사업부문별 적합한 인재상 제시 및 육성으로 사업전략 실행력과 업무목표 성과 향상
- 미래 핵심 전문 인력 육성·관리로 사업경쟁력 향상과 안정적인 성장기반을 조성하여 신사업 추진력 확충

I. 산업환경 변화와 기업인재상

- 인재상의 구체적 실현을 위한 조직가치, 변화과제, 개인역할의 수준과 관리방향을 설정

2.1 대기업 인재상

□ 기업성장을 위한 인적자원 역량 전문화에 목표를 둠

- 창조적 사고와 열린 사고력으로 시장중심의 도전적인 마인드 형성
- 글로벌 환경 적응력과 직무역량 전문화 인재
- 적극적이고 진취적이며 새로운 환경에 도전적인 전문 인력육성
- 다양한 업무에 충실하며 강한 승부근성으로 기업성장을 견인하는 리더십 관리

2.2 중소기업 인재상

□ 다양한 현장경험을 바탕으로 조직운영 및 사업성과 관리 전문화를 촉진함

- 핵심인력 리더십 배양과 현장중심 과제 수행능력 향상
- 다양한 현장실무의 전문화와 숙련업무 성과관리 능력개발
- 미래 경영환경 적응능력 개발과 인적자원 관리
- 사업분야별 직무역량과 사업 수행요건 설정 및 핵심인력 육성방안 설정

2.3 기업인재상 관리모델

□ 사업부문별 핵심직무가치 수준과 업무성과 관리목표에 따라 인적

자원 육성관리
- 장기비전과 성장전략에 부합하는 인재상 표출
    - 전문성, 창조성, 탁월성, 도전성, 도덕성 관리
- 기업의 존립과 성장기반 및 인재상 구축
    - 경영전략과 목표달성, 지속성장성과 전문능력 관리
- 직무가치 생산과 사회적 책임감 고취
    - 기업가치, 고객가치, 사회가치, 조직가치, 개인가치의 실현
    - 변화와 혁신, 학습과 성장성 관리

기업이 추구하는 인재상
• 직무수행 전문능력을 갖추고 지속적으로 자기개발을 실행하며 글로벌 경영을 리드하면서 창의적인 방법으로 경영목표를 실현하는 사람

3. 직무역량 관리

□ 역량은 삶의 패턴을 관리하는 역할이며 미래지향적이고 가치 중심적이며 업무성과와 연계되므로 선택이 중요함
- 내가 선호하고 자신의 삶을 보람되게 하는 직무분야
- 나를 인정하고 우수한 인재로 성장시켜줄 기업
- 시장경쟁력을 갖추고 지속적으로 성장·발전하는 기업
- 사업분야 다원화로 산업 라이프사이클 변화에 탄력성이 큰 기업

• 창의적이고 혁신적인 기업문화로 산업발전을 견인하는 기업

3.1 기업정보 관리

가. 기초정보

☐ 업종, 사업분야, 규모, 형태, 산업 및 시장환경, 경쟁력, 성장성, 수익성, 안정성 측면의 기업평가 정보

나. 경영정보

☐ 기업비전과 사업전략, 경영목표, 경영성과, 기업문화, 조직모델과 구조, 채용분야, 기업 인재상, 채용방법, 사회공헌 역할과 사회적 이미지

다. 직무정보

☐ 표준직무, 직무수행요건, 직무가치, 핵심역량, 업무시스템과 프로세스, 업무역할, 업무행동, 적성과 인성, 업무동기, 조직몰입행동

3.2 자기점검 관리

가. 직무선호도

☐ 직무이해도, 전공분야 연관성, 직무능력 수용력, 적성과 인성의 일치성, 미래직업 안정성

나. 직무역량

□ 기초지식, 전문지식, 전문성, 실무능력, 실무경험, 교육이수

다. 기업 적합도

□ 경영이념과 철학, 기업문화, 기업 인재상, 인적자원관리 제도

3.3 직무역량 관리

가. 목표직무 요건 준비

□ 실무능력, 전문성, 성실성, 주인의식, 목표추진력, 창의성, 도전정신, 위기대처 능력

나. 직무기초능력 학습

□ 표준직무 이해를 통해 직무역량 관리 로드맵 설정
- 역량개발 희망 직무분야 선택
- 직무수행능력 수준평가 및 역량개발과제 선정

□ 직무지식과 실행능력 개발
- 직무지식, 직무경험, 직무가치, 업무프로세스와 시스템 운영방법, 업무방법, 업무역할, 업무성과, 업무생산성 향상방법 학습

□ 직무적응력과 직무적성 개발
- 직업의식, 업무스킬, 직무적성, 성과추진력, 업무동기, 정보분석력, 리더십, 문제해결력, 조직적응력 개발

3.4 자기 이미지 관리

□ 직무능력 함양과 조직적응력 최적화 이미지 관리
- 선택된 직무분야와 직업적성에 연계되는 이력성 내용
- 전문지식과 기초지식 및 경험능력 구성에 부합하는 사실적 내용 작성
- 작성내용의 일관성과 사실적인 연계성, 문장체계의 통일성과 표준화
    - 면접 시 복장과 자세 등 매너관리
    - 기업 경영이념과 철학, 사업분야, 시장환경, 기업문화, 전문지식과 가치관

Ⅰ. 산업환경 변화와 기업인재상

4. 학습내용 평가

문1. 산업성장 패러다임에서 사업관리의 다원화가 추진되는 전환기 는 어느 시기 입니까?
① 신 사업태동기   ② 시장개척기   ③ 시장경쟁력 관리시기
④ 사업패러다임 관리 시기   ⑤ 사업철수 및 구조 조정기

문2. 사업관리의 다원화 및 전환기에서 추진되는 역할로 적정한 것은 무엇입니까?
① 사업관리 기반조성   ② 경영관리 표준화 추진
③ 글로벌 네트워킹 실행   ④ 창의적 혁신전략 수행
⑤ 고객만족도 관리

문3. 미래성장 잠재력이 큰 산업으로 분류되지 않는 산업분야는 무엇입니까?
① 문화관광 서비스 산업   ② 생명과학 서비스 산업
③ 지식정보 서비스 산업   ④ 기술집약적 중화학 산업
⑤ 인공지능 서비스 산업

문4. 미래성장 산업에서 추구하는 인적자원 관리 방향이 아닌 것은 무엇입니까?
① 우수 인재상 정립과 육성   ② 사업의 계열화와 전문화 추진
③ 글로벌 환경의 융·복합인재 육성
④ 성과중심의 처우·보상제도 운영
⑤ 핵심분야 직무능력 적합성 관리

문5. 일반적인 관점에서 대기업의 목표 인재가 지향하는 과제가 아닌 것은 무엇입니까?
① 리더십 배양과 현장 중심의 직무능력개발
② 창조적 사고와 시장 중심의 도전의식
③ 글로벌 환경 적응력과 직무역량 전문화
④ 진취적이고 도전적인 전문역량 개발
⑤ 직무 충실성과 기업성장 견인 리더십

문6. 일반적인 관점에서 중소기업에서 지향하는 인적자원 관리 방향은 무엇입니까?
① 핵심 직무가치 중심의 성과관리
② 장기비전과 전략실행 인력육성
③ 사회적 책임감 고취와 고객가치 지향
④ 실무능력 다원화와 성과중심 목표관리
⑤ 기업가치 실현의 변화와 혁신관리

문7. 기업의 우수인재로 성장하기 위한 직무역량 개발 및 전문화 방법이 아닌 내용은 무엇입니까?
① 표준직무수행요건 학습   ② 팀 직무지식과 실행능력 개발
③ 업무적응력과 직무적성 개발   ④ 경력관리 및 자기학습프로그램 운영
⑤ 기업경영정보와 경영방침 이해

Ⅱ. 조직기능과 편재직무

1. 조직기능과 구조

1.1 조직기능

☐ 구매관리 직무분야의 기본역할은 기업경영과 사업성과관리에 필요한 물품(생산설비와 장비, 기계장치와 공구, 원부재료, 생산기자재)의 조달과 공급역할을 수행함

☐ 제품생산과 영업활동에 필요한 양질의 원부재료와 생산기자재 및 소모품을 필요한 시기에 최적 조건의 물품을 최소비용으로 구매한 후, 재고관리와 수불 활동을 지원하여 관련분야 업무생산성과 경쟁력이 향상되도록 관리함

- 소요물품 조달을 위한 물가정보와 유통실태 조사, 조달품 견적과 계약 및 물류경로 관리, 조달품 출고 및 재고관리 역할을 수행
- 공사용품 및 기계장비 유지보수 물품 조달과 불용 기계장비 매각관리 역할을 함

☐ 조직역할

- 물가정보관리
  - 구매시장 환경과 물가 및 환율변동 동향조사
  - 구매품목 선정과 대체구매품 개발, 조달원가 분석

Ⅱ. 조직기능과 편재직무

- 경쟁사 원·부자재 구매동향 분석 및 조달가격 관리
- 구매계획 수립
  - 구매 의뢰품 접수 및 구매계획 수립
  - 구매품 견적업체 선정 및 견적인수, 발주계약과 구매관리
  - 구매품 규격분류, 보관방법, 재고관리 기준량 설정
- 조달원가관리
  - 구매실적 및 원가(견적, 구매가격) 자료분석
  - 구매원가 절감대책(대체품 개발, 거래량, 결제방법, 구매 시기) 관리

1.2 조직구조

□ 기업의 조직은 경영목적을 수행하기 위해 업무분야별 업무처리 기구를 계통적으로 편성한 구성단위
  - 조직구분은 사업범위에 따라 직종별로 분류되고 업무역할에 따라 직렬별로 구분하여 계열화 및 전문화시킴

□ 직종
  - 최상의 조직구조에 위치하는 사업분야의 분류단위로 관리, 영업, 생산으로 구성

□ 직렬
  - 직종의 하위조직 분류 단위이며 사업역할별로 분류함
    - 관리직종
      · 기획, 경영관리, 재무회계, 조달직렬
      · 구매관리는 경영관리 직렬에 편제되는 업무실행 조직

- 영업직종
    · 영업, 제품개발, 마케팅전략, 유통·서비스 직렬
- 생산직종
    · 연구, 생산기술직, 생산관리, 품질관리 직렬

□ 팀
- 직렬의 하위조직 단위로서 업무방법에 따라 구분되며 조직성과 관리 및 채용관리 기준이 됨

[구매관리 조직 포지션]

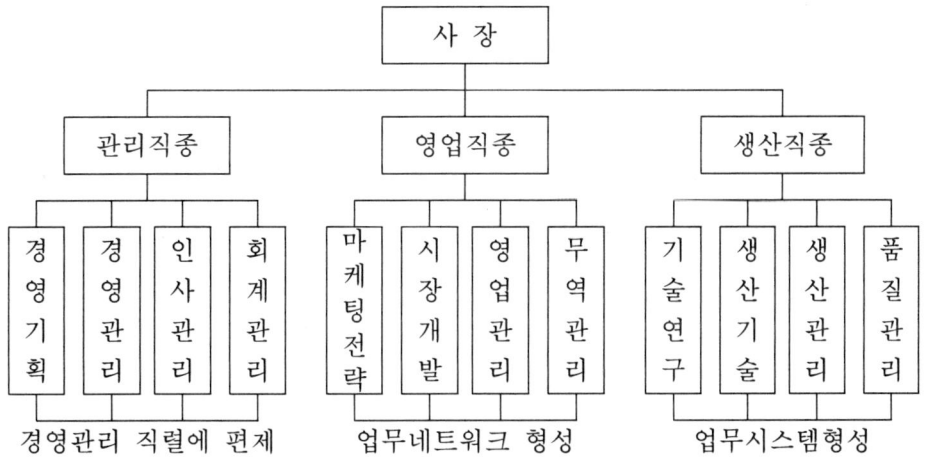

□ 업무시스템
- 단위업무별로 단일목표의 성과관리를 위해 연관된 공통적인 역할을 수행하여 목표를 실현하는 업무패턴

□ 업무네트워크
- 단일목표로 수행되는 업무패턴에 이해관계가 형성될 경우 영향

II. 조직기능과 편재직무

력의 크기에 따라 정보공유와 협력 체계가 이루어짐

2. 조직 직무편재

2.1 표준직무 편재

□ 조직별로 편재되는 표준직무는 경영목표관리와 사업성과 달성에 필요한 임무와 이를 실행하는 일로 구성됨. 즉, 기업의 경영목표 달성을 위해 조직별로 할당된 임무를 실행하는데 필요한 과제·일·역할을 업무방법별로 계열화시킨 내용이 표준직무임

□ 표준직무는 조직별로 구성된 "일"의 전체내용으로 목표달성과 임무수행에 필요한 지식, 능력, 경험, 행동이 포함되며, 목표와 역할의 중요도에 따라 직무가치를 설정하여 상대적인 수준차이에 따라 역할의 방향과 우선순위를 설정

Ⅱ. 조직기능과 편재직무

[표준직무 편재 요건]

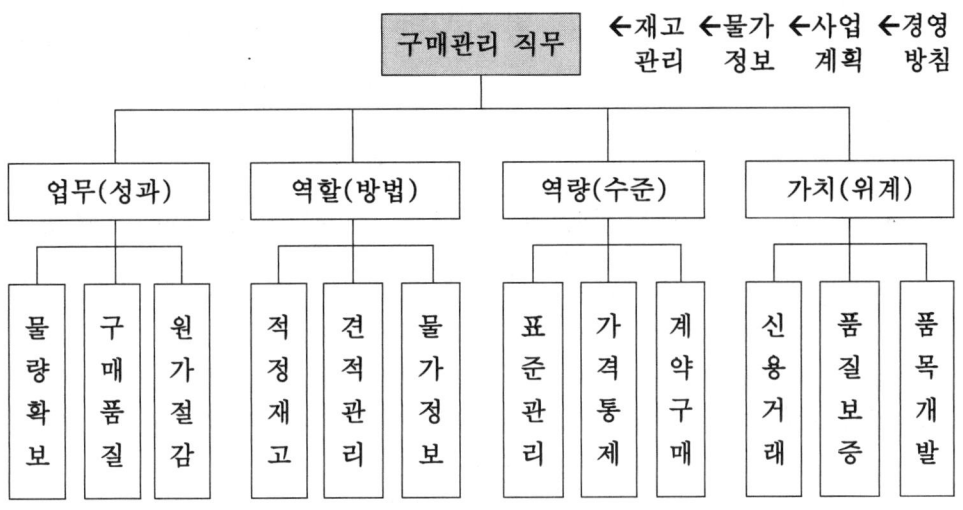

□ 구매관리 조직의 표준직무는 생산 및 사업관리 활동에 필요한 원·부자재, 기계장치와 생산설비, 생산기자재 조달 및 재고관리 직무로 편재됨

가. 편재직무 특성과 역할

□ 직무특성

- 물품조달에 필요한 시장정보 조사, 구매요구 품목특성과 사용용도 및 요구기능 분석, 조달시기와 조달가격 관리
- 조달 요구품목의 최적사양(규격, 기능, 품질) 및 최소비용(구입비, 물류비, 재고관리비)관리
- 구매관리 체계 선진화와 대체재 및 외주가공품 개발과 구매
- 유지보수 및 공사용 자재 거래선(견적, 계약, 구입일정, 포장, 품질, 검사, 물류)관리

II. 조직기능과 편재직무

□ 핵심역할

- 최고수준의 요구품목을 최소비용으로 조달하기 위한 시장정보 (물가, 물량, 가격, 품질)관리, 업체동향(구입처, 동종기업)관리, 구매품 견적(수량, 가격, 납기, 품질)관리
- 구매제품 규격과 사양(용도, 성능, 재질, 가격)관리, 구매방법 (인수, 검수, 결제)설정, 물류시스템 구축과 보관 및 재고관리

□ 전략과제

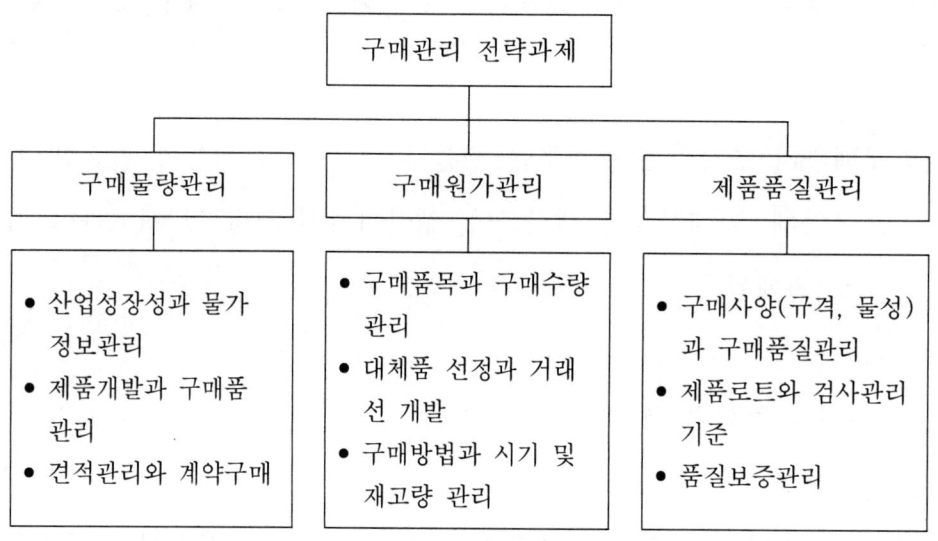

나. 표준직무 편재내용

[구매관리 조직 편재직무]

직무	표준직무	직무수행능력		
	세부직무	실무능력	전문지식	업무행동
조달 정보 관리	•구입의뢰서 접수 및 구매계획 수립 •견적 업체 선정, 견적 인수업무 (업체 추천은 생산기술부) •발주계약 및 구매관리 (검수는 사용부서) •납품업체 사후관리	•구매정책 이해 •예상 판매량에 따른 자재 소요(용도, 물량, 가격 시기)에 관한 지식 및 조정요령 •통관계획서 작성 •통관절차 및 물품에 대한 이해	•수출입 절차 •외환관리법 •세관 통관 관련법 (중급 수준) •조달장비 사양규격 •조달원가 및 예정가격	•신중성 •판단력 •수리능력 •정보력 •분석력 •판단력
구매 계획 수립	•원부자재 규격별 분류 관리 •보관방법 및 적정재고 기준설정 •구매계획 수립 및 진행 관리 •재고현황 점검 •구매관리 전산업무 시스템 설계	•금융 이용 자금의 내용과 자금계획서 작성 및 금융 상환요령 •공급선의 실적통계 분석·평가 •주요자재 샘플, 카달로그 분류정리	•구매 및 적정재고 관리 •산업동향 분석력 (중상 수준)	•신중성 •논리력 •기획력 •추진력 •판단력
거래선 관리	•업체선정 및 평가 •거래선 신용조사 사후관리 •상용 비상용자재 공급선 중점관리	•자재규격 품질수준 수량 납기시기, 대금 지불조건, A/S에 관한 일반지식	•조달품질관리 방법 •조달원가관리	•정보력 •분석력 •실행력
조달 원가 관리	•원가 실적분석 및 목표원가관리 •원가절감 대책 수립업무(대체품 개발, 단가조정, 구매 시스템 변경) •발주계약 및 구매검수 •구매실적 평가 및 원가 기초자료 분석	•외환 및 환율이해 •주요 생산처 유통과정 •거래선 물동량 가격 신용 상태 구매시장의 포괄적 •시장조사의 지식 •원단위 원가계산 명세서 •작성요령에 관한 지식	•시장정보 분류능력 •문자정보 분석능력 (중상 수준) •조달물품 특성이해 •재고관리지식	•활동성 •사교성 •분석능력 •추진력
시장 정보 관리	•물가 및 환율변동동향 시장조사·분석 •구입품목, 대응품목 조사 분석 개발 •경쟁사 구매동향 분석·평가	•가격 형성요소에 관한 지식 •공정별 특성파악 및 원·부자재 구성비 원가 구성 체크요령	•원가분석 •생산성 분석 (중하급 수준)	•분석력 •탐색력 •판단력 •신중성

3. 학습내용 평가

문1. 조직(부서)운영에 직접적인 영향을 미치는 요인이 아닌 것은 무엇입니까?
① 산업성장 환경과 물가정보 ② 원·부재료 수요 및 공급시장 규모
③ 기업의 사회적 이미지 ④ 물류경로와 유통시스템
⑤ 제품생산 능력과 설비투자 규모

문2. 구매관리 조직(부서)은 어느 직종에 분류되어 조직목표와 경영성과 관리 역할을 수행 합니까?
① 기획직종 ② 관리직종 ③ 영업직종 ④ 생산직종 ⑤ 개발직종

문3. 일반적인 측면에서 조직(분야, 규모)분류 단위가 적정한 것은 어느 항목입니까?
① 직종>직렬>직군>부서 ② 직군>직종>직렬>부서
③ 직군>직렬>직종>부서 ④ 직렬>직종>부서>직군
⑤ 직군>직렬>직종>부서

문4. 구매관리 조직(부서)에서 중점적으로 수행하는 직무역할이 아닌 것은 무엇입니까?
① 구매물량 관리 ② 구매원가 관리 ③ 구매품 품질관리
④ 구매품 결제방법 관리 ⑤ 구매시장 개발·관리

문5. 일반적인 관점에서 사업지원 역할에 목표를 두고 운영되는 조직(부서)의 그룹은 어느 것입니까?
① 경영기획, 영업관리, 품질관리 ② 회계관리, 시장개발, 구매관리
③ 회계관리, 시장개발, 생산관리 ④ 경영기획, 마케팅전략, 생산관리
⑤ 기술연구, 시장개발, 생산관리

문6. 구매관리 조직에서 지향하는 업무성과 관리 과제가 아닌 것은 무엇입니까?
① 구매 원가절감 ② 구매품질 확보 ③ 적정재고량 관리
④ 구매품목 개발 ⑤ 고객만족도 관리

문7. 일반적으로 구매관리 조직에 편재되는 표준직무가 아닌 것은 무엇입니까?

① 구매정보관리　　　② 구매계획 수립　　　③ 구매원가관리

④ 예산집행과 성과분석　　　⑤ 물가정보관리

문8. 일반적으로 조직(부서) 이기주의가 심한 기업의 경영목표 관리 방법으로 적정한 것은 무엇입니까?

① 탑 다운(Top Down) 방법의 목표과제 할당

② 보텀 업(Bottom Up) 방식의 목표과제 선정

③ 탑 다운(Top Down) 방법과 보텀 업(Bottom Up) 방식의 병행

④ 사업 부문(직종, 직렬)별로 책임경영(관리) 방식의 목표설정

⑤ 제안공모제 방법에 의한 목표과제설정

문9. 책임과 권한이 합리적으로 배분되어 운영되는 조직(부서)에서 일반적인 경영목표 관리 방법으로 적정한 것은 무엇입니까?

① 탑 다운(Top Down) 방법의 목표과제 할당

② 보텀 업(Bottom Up) 방식의 목표과제 선정

③ 탑 다운(Top Down) 방법과 보텀 업(Bottom Up) 방식의 병행

④ 사업 부문(직종, 직렬)별로 책임경영(관리) 방식의 목표설정

⑤ 제안공모제 방법에 의한 목표과제 설정

III. 직무수행능력 관리

1. 직무수행요건

□ 표준직무 수행요건이란 조직별로 편재된 직무를 수행하는데 필요한 실무능력과 필요지식, 직무적성 요인으로 구성되며 직무가치에 따라 역량의 수준이 결정됨

- 직무수행요건은 표준직무 내용에 근거하여 설정되며, 구매관리 조직의 직무수행요건은 전절(II) 2.1에 구성되어 있으며 해당 분야 직무 이해와 직무지식과 실무능력을 숙지하여야 함

1.1 직무가치

□ 직무별로 지향하는 목표의 절대적 가치수준과 성과달성에 필요한 역할과 요구능력의 상대적인 중요도 수준을 지수화 시켜 측정한 데이터로 핵심역량 및 중점직무 분류기준으로 활용됨

- 직무가치를 포괄적인 개념으로 확장하여 직무역량으로 지칭하는 경우도 있으나 직무가치는 직무가 지향하는 목표와 성과의 경제적 가치수준에 중점을 두는 반면, 직무역량은 요구되는 직무능력과 업무행동 요인의 상대적인 충족수준으로 분류되는 개념임

- 직무별로 측정되는 직무가치는 값의 크기에 따라 등급별(1등급 직무부터 6등급 직무)로 구분한 후, 1·2등급 직무는 핵심직

무, 3·4등급 직무는 중점직무, 5·6등급 직무는 일상직무로 분류하여 업무방법과 업무역할을 설정함
- 측정된 직무가치는 수준별로 인적자원을 관리하며, 핵심직무는 차·부장직급이 담당하는 직무로 분류되고, 중점직무는 과장·대리직급 담당직무, 일상직무는 사원직급이 수행하는 직무로 설정됨

1.2 직무지식과 실무능력

가. 직무지식관리

□ 구매요구 품목의 사양이해와 조달품목의 평가(제품특성, 품질보증, 구매가격, 결제조건, 물량확보)와 조달원가계산 및 재고량 관리 기준설정, 생산설비 및 기계장치의 검수기준, 설치 및 시운전 방법, A/S 및 유지·보수방법에 대한 이해가 필요함
- 구매정책 설정과 조달계획(설비, 장비, 원부자재)수립
- 원·부자재 규격(사양, 품질)과 조달계획(가격, 납기)관리
- 설비 및 장비 성능평가와 운전능력 분석
- 조달품 견적(업체선정, 견적인수) 및 발주관리
- 조달품 검수(품목, 품질, 수량, 가격) 및 재고시스템 관리
- 수·출입절차 및 외환관리법과 관세법 이해
- 조달물자 관리 및 제품 외주개발관리
  - 거래선 신용조사 및 평가
  - 구매데이터 및 조달원가분석

나. 실무능력관리

□ 구매시장 환경조사와 조달업체 선정, 제품사양과 규격결정, 조달방법과 구매가격 산정, 물류시스템 설계, 조달품 검수관리에 필요한 실무능력을 관리함

- 이에 따라 조달품 종류, 규격, 품질, 가격, 물량 정보관리와 생산설비 및 장비의 성능과 기능 및 유지·보수방법을 이해하고 있어야 함
  - 구매의뢰서 접수 및 재고량 관리, 구매계획 수립
  - 구매견적 관리와 적격업체 선정, 구매계약관리
  - 조달품 검수(사양, 품질, 수량)와 보관 및 재고량 관리
  - 납품업체 사후관리 및 서비스 신청
  - 외주 조달품 통관계획 및 통관절차관리
  - 조달 원가관리 역할 수행

다. 업무역량과 업무 행동관리

□ 각 사업분야별로 조달요구 품목과 사양에 대한 이해와 구매시장의 물가동향과 조달처 정보, 가격동향, 조달방법, 결제방법, 물류관리, 보관 및 재고관리 역할에 적합한 자질과 태도를 갖추어야 함

□ 업무역량 개발
- 탐색적인 분석력과 추진력
- 논리적인 사고력과 규율성
- 신중성과 합리적인 판단력
- 적극적인 활동력과 사교성

Ⅲ. 직무수행능력 관리

□ 업무 행동관리
- 협동성과 조정력
- 실행력과 커뮤니케이션
- 책임감과 성실성
- 규범성과 리더십

1.3 조직몰입도 관리

□ 조직몰입도는 조직과 직무역할에 대해 개인의 감정을 반영하는 태도로서 이직률, 결근율, 업무성과, 업무행동, 업무동기에 영향을 미치는 중요한 변수임
- 조직몰입도는 조직역할의 자율성, 다양성, 정체성, 업무시스템 운영에 영향을 미치는 중요한 관리내용으로 인적자원관리 척도로 활용됨

가. 조직몰입도 관리항목

□ 조직몰입도는 직무별로 요구되는 패턴이 다르나 공통적으로 고객가치 지향, 조직활성화, 업무능력 제고, 업무혁신형으로 구분하여 영향요인별로 적정성 수준을 관리함

[조직몰입도 관리과제]

조직몰입도	관리항목
조직목표추구형	• 리더십 역량, 의사결정능력, 제도 및 시스템 운영방법, 기업과 조직귀속성이 높음
욕구성취형	• 팀워크, 업무행동 진중성, 역할의 신뢰관계, 목표집중성이 높음
고객가치 지향형	• 지시·명령 이행력, 부서간 협력, 고객 서비스, 표준직무 관리, 기업귀속성이 높음
조직활성화형	• 목표·방침·계획 이해력, 역할통제·조정력, 조직분위기 고취, 기업귀속성이 높음
업무능력 제고형	• 능력개발 지향, 성과 및 능력 평가관리, 업무태도 활성화, 일의 집중력을 향상시킴
업무혁신형	• 리더십 역량, 부서간 협력, 조직문화 귀속력, 일의 집중력이 높음

나. 조직몰입도 영향요인

□ 조직몰입도를 관리하여 업무추진력과 성과향상, 팀워크 향상, 업무역량 전문화를 관리함

Ⅲ. 직무수행능력 관리

[조직몰입행동 관리]

업무행동	업무역할	몰입행동
업무 추진력	리더십	• 조직목표 과제이해와 업무성과관리, 업무방법 지도 및 멘토링 관리와 조직 그룹 활동을 강화시킴
	의사결정 능력	• 경영전략과 경영방침의 이해와 목표관리 방향 설정 및 문제 현안에 대한 의견토론과 의견수렴, 지시·전달 체계의 확립과 공동체 의식을 고취시켜 실행과제를 정립·관리함
	업무시스템 체계화	• 업무규정과 규칙 및 인사제도의 재정비, 인적자원 관리방법 선진화를 지향함
	지시·명령 체계 확립	• 업무권한과 책임범위 명확화, 위임·전결관리 기준을 준수하면서 인간관계의 조력역할과 업무성과 중심의 역할을 수행하거나 조직문화 및 팀학습 프로그램을 활성화시켜 조직효율성을 향상시키면서 경영혁신 과제의 변화관리를 추진함
	통제·조정 역할	• 목표와 실행계획의 명확화, 업무프로세스와 업무방법 명료화, 권한과 책임구분과 리더십 역량강화, 업무 표준화와 시스템화를 통해 실현됨

업무행동	업무역할	몰입행동
업무 집중력	업무행동 집중화	• 업무책임감과 집중력을 향상시키고 조직적응력과 협동성을 관리하여 업무동기 활성화와 삶의 목표를 체계화함
	조직분위기 활성화	• 목표의식과 성과관리 책임강화, 업무자율성과 협동심 향상, 업무방법과 역할의 구체성, 성과와 능력중심의 처우·보상 관리, 경력관리 및 직무능력개발지원을 통해 실현됨
	일의 집중력 향상	• 성장전략 개발과 직무능력 및 업무역량 관리, 업무성과 지향성 향상, 직무표준관리와 업무생산성 관리를 통해 역량 전문화를 촉진함
	기업 귀속성 향상	• 기업성장성과 개인목표 연계성관리, 직업안정성과 직무능력 전문성 관리, 업무성과 향상, 경력관리 지향

III. 직무수행능력 관리

업무행동	업무역할	몰입행동
업무 협동성	팀워크 활성화	• 업무중심 결속력과 사람중심 융화력을 향상시켜 조직 및 업무분야별 책임과 권한의 명확화와 팀그룹 활동을 강화함
	조직 신뢰관계	• 그룹 활동의 적극적 참여와 조직 공동체 의식을 고취하여 정서적 일체감을 조성하고 업무가치관을 다원화시켜 포용력을 향상시킴
	조직협력 관리	• 업무표준 관리와 업무프로세스 구축, 업무권한과 책임 명확화 및 조직 공동체 의식강화와 기업문화 관리를 통해 실현됨
	업무태도 활성화	• 조직목표와 성과관리 역할지향성에 따라 자기가치 중심화 성향을 설정하여 업무성과 지향적인 역할과 자기이미지 관리태도를 확립하여 업무동기를 강화함
	조직문화 및 기업이미지 활성화	• 기업의 경영이념, 경영전략 정립, 경영목표의 동질성 확립, 지역사회 문화가치 수용과 조직적 융화관리, 공식적·비공식적 사회공헌 활동과 기업이미지 강화 역할을 수행함

업무행동	업무역할	몰입행동
업무 목표력	표준직무 관리체계 확립	• 직무가치와 직무역량 수준관리, 직무수행요건 관리, 업무시스템 구축과 성과관리 체계확립을 통해 관리환경이 조성됨
	경영목표와 방침관리	• 비전과 경영이념 이해, 경영목표관리와 경영계획실행 기업문화 활성화를 통해 관리환경이 조성됨
	능력개발	• 삶의 목표와 비전이 확립되고 역량전문화 방향이 설정된 후 업무수행능력을 평가하고 능력개발 과제와 수준을 분류하여 교육연수 프로그램, 학점이수제 및 팀학습 과정을 활용하여 학습함
	업무역량 평가	• 업무성과관리와 우수한 인적자원으로 성장하기 위해 직무능력, 수행역할, 업무태도에 대한 평가, 직무적성과 적응력을 점검하여 역량개발 방향과 교육훈련 및 경력관리과제를 설정함
	커뮤니케이션 활성화	• 업무목표와 성과관리 역할의 지향과제를 설정하여 커뮤니케이션 메시지를 구축하고 정보시스템별로 공동체 의식을 함양시킴

Ⅲ. 직무수행능력 관리

2. 직무능력 학습

□ 기업의 경영활동에 필요한 물품, 기계장비, 시설물 조달에 필요한 시장정보, 조달 요구품목 사양, 견적과 계약관리, 조달품 검수 및 조달물류관리 직무능력을 갖추어야 함
- 구매방침 실행을 위한 조달계획 수립과 구매방법 결정, 거래업체 선정과 견적내용 평가, 구매 계약관리능력 학습이 필요함
- 조달품목 수급관리와 통관·물류·재고관리, 조달실적 및 조달원가 분석, 조달품 사양(규격, 성능, 품질)관리능력 학습이 필요함

[이론 및 실무지식 학습과제]

이론지식	실무지식
• 자재관리, 물류관리 • 무역실무, 무역관계 법규 • 산업공학, 품질관리 • 생산공학, 원가관리 회계 • 물가정보지	• 산업동향 분석 • 물류시스템 설계 • 물자관리 규정 • 조달사양과 품질검사 기준 • 재고관리지식

□ 실무능력 학습방법
- 인턴학습
    - 구매관리 조직 및 유사분야(자재관리, 재고관리) 실무학습

- 사례내용 학습
  - 개인의 기호품 구매와 각 가정의 가구 및 생활용품 구매사례, 공공기관 물품 조달공고 내용을 참조하여 구매관리 역할과 표준직무 편재내용의 이해력을 향상시킴
  - 특히 기업의 구매관리는 개인이 소비행동 과정에서 수행(정보조사, 제품탐색, 구입방법, 구매 시기)하는 역할과 유사성이 많으므로 각각의 역할을 상호 대비시키는 방법으로 학습효과를 향상시킬 수 있음

III. 직무수행능력 관리

3. 학습내용 평가

문1. 조직에 편재된 표준직무의 수행요건(능력) 항목이 아닌 것은 무엇입니까?
　　① 직무지식　　② 실무능력　　③ 업무방법　　④ 업무행동　　⑤ 권한과 책임

문2. 조직에 편재된 표준직무 가치를 적절하게 표현한 내용은 무엇입니까?
　　① 조직(부서)의 상대적인 중요도를 구분한 것
　　② 직무가 지향(내포되어 있는)하는 목표와 성과의 경제적 가치수준
　　③ 조직원들의 역할을 구분하기 위한 분류기준
　　④ 직무수행요건을 설정하기 위해 임의적으로 구분되는 분류단위
　　⑤ 계층별로 담당하는 역할을 구분하는 단위

문3. 표준직무 수행에 필요한 전문지식으로 분류되지 않는 내용은 무엇입니까?
　　① 물가동향 분석과 구매정책 수립　　② 구매제품 사양과 규격관리
　　③ 구매원가 산정과 견적 및 발주관리　　④ 표준직무가치 설계방법
　　⑤ 구매품질과 검수방법관리

문4. 표준직무 수행에 필요한 실무능력으로 분류되지 않는 내용은 무엇입니까?
　　① 물가·환율동향과 가격분석　　② 구매실무 인력관리
　　③ 구매규격·품질·수량관리　　④ 구매견적·심사·발주관리
　　⑤ 거래선 신용정보관리

문5. 구매관리 조직의 표준직무를 효율적으로 수행하는데 필요한 업무역량 개발과제가 아닌 내용은 무엇입니까?
　　① 미래 산업에 대한 관심유발　　② 논리적인 사고력 개발
　　③ 탐구적인 분석력 개발　　④ 거래선 개발과 업무시스템 적응력
　　⑤ 업무 규율성과 목표관리력

Ⅲ. 직무수행능력 관리

문6. 직무수행에 필요한 업무행동에 대한 설명으로 적절하지 않은 내용은 무엇입니까?

① 담당직무 수행과 조직문화에 최적화된 마음가짐과 업무자세

② 조직활동에 표준적으로 요구되는 업무자세

③ 담당직무를 생산적이고 효율적으로 실행하는 업무태도

④ 직무수행 과정에서 조직원이 공통적으로 나타내는 표준적인 행동패턴

⑤ 직무수행역할과 방법을 과정별 상징적으로 표현하는 개념

문7. 일반적인 관점에서 직무적성을 선천적인 우월성으로 표현하는 경우도 있는데, 구성요소들이 가장 적절히 분류된 것은 무엇입니까?

① 독창성, 창의성, 탁월성   ② 분석력, 기획력, 논리력

③ 책임감, 추진력, 해결력   ④ 탐색력, 리더십, 실행력

⑤ 목적성, 성취력, 예측력

문8. 직종·직렬의 분류단위 중 일반적으로 기획직렬에서 가장 필요로 하는 조직몰입 행동의 패턴은 무엇입니까?

① 욕구성취형   ② 고객가치 지향형   ③ 조직 성화형

④ 조직목표추구형   ⑤ 업무능력제고형

문9. 직종·직렬의 분류단위 중 일반적으로 관리직렬에서 가장 필요로 하는 조직몰입 행동의 패턴은 무엇입니까?

① 욕구성취형   ② 고객가치 지향형   ③ 조직활성화형

④ 조직목표추구형   ⑤ 업무능력제고형

문10. 직종·직렬의 분류단위 중 일반적으로 영업직렬에서 가장 필요로 하는 조직몰입 행동의 패턴은 무엇입니까?

① 욕구성취형   ② 고객가치 지향형   ③ 조직활성화형

④ 조직목표추구형   ⑤ 업무능력제고형

Ⅲ. 직무수행능력 관리

문11. 직종·직렬의 분류단위 중 일반적으로 생산직렬에서 가장 필요로 하는 조직몰입 행동의 패턴은 무엇입니까?

① 욕구성취형　　② 고객가치 지향형　　③ 조직활성화형
④ 조직목표 추구형　　⑤ 업무능력 제고형

문12. 조직몰입행동 활성화 방법으로 영향력이 낮은 항목은 무엇입니까?

① 업무성과지향　　② 업무추진력　　③ 업무집중력
④ 업무협동성　　⑤ 업무목표력

문13. 직무능력개발을 위한 학습방법으로 가장 적절한 내용은 무엇입니까?

① 대학교재 등 이론서 중심으로 학습
② 동일직무분야 인턴경험에 의한 업무방법 중심학습
③ 관련분야 기초지식과 동일직무분야 경험 및 사례학습
④ 다양한 직무분야의 인턴경험
⑤ 다양한 분야의 전문서적 및 연구논문으로 학습

문14. 실무능력개발 효과가 나타나지 않는 역할은 무엇입니까?

① 미래산업 발전모델 조사 및 분석
② 사업성과 분석 및 평가
③ 생산공정 및 제품품질분석
④ 시장 성장성과 고객행동분석
⑤ 사업성 검토와 예산분석

Ⅳ. 핵심직무 실무능력개발

1. 구매계획관리 직무

1.1 구매시장 조사

□ 구매계획 품목인 자재, 설비, 기계장치, 원·부재료, 물품과 유사 품목에 대한 시장정보와 시장동향을 파악하여 최적의 구매방법 선정 기초자료로 활용함

- 구매계획에 요구되는 시장정보는 구매 품목의 종류와 기능 구매가격의 타당성, 가격변화 동향과 예측, 대체품 및 새로운 구매품목 개발 및 발견, 경쟁사 동향을 조사하여 구매정책 결정 자료로 활용

[구매시장 조사대상과 범위]

구분		조사내용
조사대상	시장조사	• 일반시장 정보와 관련업계 동향 • 품목별 시장수급동향, 가격동향 • 구매가격, 구매시기, 구매량 및 구매결정요소
	거래처 조사	• 거래 및 협력업체의 거래실적, 구매 관행(방법) • 거래선 경영안정성, 물품조달 및 거래능력 • 유통경로와 물류이용(원가), 영업이익
	신공법 및 제조방법	• 대체자재 및 물품개발 • 신공법 및 생산프로세스 연구역량 • 조달원가 절감방법 및 기초자료
조사범위	물품특성	• 구매제품, 상표, 품질 및 수량 • 제품형상(규격, 디자인)과 물성(화학조성, 기계적 성질)
	시장기능	• 거래처, 구매시기, 계약구매, 선택구매 • 계약방식, 지불조건

Ⅳ. 핵심직무 실무능력개발

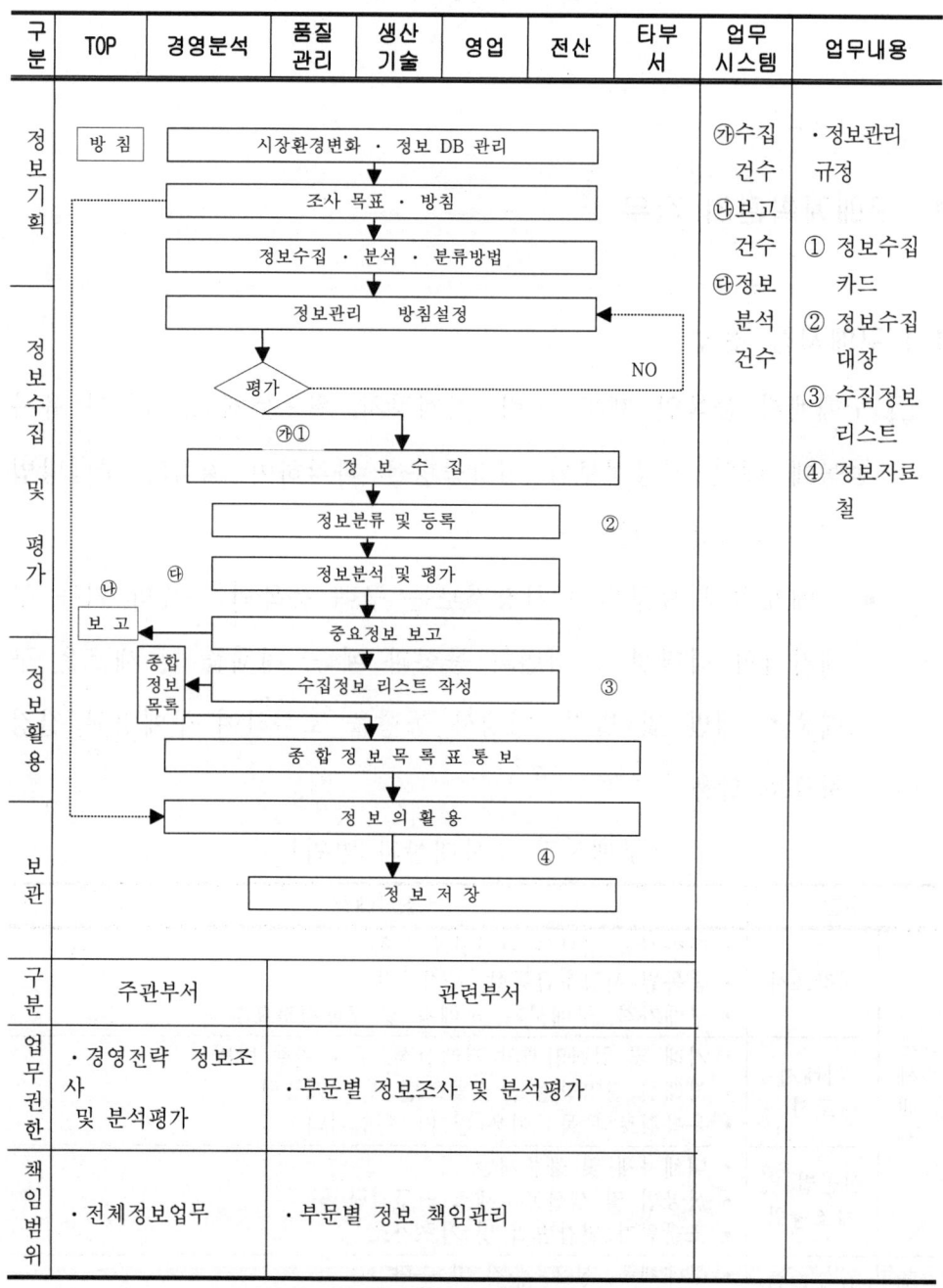

□ 한편, 물품구매에 필요한 시장정보의 입수는 탐문입수, 제품홍보 자료, 사업자 리스트, 물가동향 정보지 및 간행물, 기술정보지를 통해 필요한 정보를 수집함

[시장정보 입수관리]

구분	시장정보 관리
정보 입수	• 시장정보를 시계열별로 데이터화 함 • 정보의 출처와 산출근거(양, 수준)를 명확히 분류 • 입수정보의 신뢰성과 타당성 검증 • 정보 데이터베이스(D/B) 업데이트 및 보안관리
정보 활용	• 구매품목, 구매시장, 구매방법, 구매시기별 가격동향, 공급능력 (구매물량), 계약방법별 정보 D/B 세분화 관리 • 적정거래선 및 안정된 거래조건 설정 • 구매시기별 구매가격 및 적정 구매량 관리 • 구매원가 절감 및 조달방법 탐색 • 중장기 구매정책 및 구매계획 수립 기초데이터 관리

1.2 구매정보관리

□ 구매는 기업의 제품생산에 소요되는 자재(원재료, 부자재, 부품), 생산설비와 장비(기계, 동력), 부분품(치공구, 검사기기, 기구), 정비 및 보전자재를 조달하는 역할로서 적재적소의 최적 조달품을 구매하기 위해 구매시장 정보(종류, 가격, 품질, 유통기능)를 조사하여 구매실행 방향을 설정함

IV. 핵심직무 실무능력개발

[구매대상별 정보관리 내용]

구분	시장품 구매	외주품 구매	외주사급품 구매	외자품(수입)
물품 특징	• 상용성 완제품 • 사양규격 표준품 • 단순 매입물품	• 비상용, 완제품 - 사양, 가격, 기능 • 특수품과 전문성 물품	• 재공품(반가공)으로 구매 • 상용·비상용 재공품 • 단순품(상용)과 전문품(비상용)	• 상용성 완제품 • 특수 및 전문성 완제품
시장 기능	• 경쟁시장 제품 • 제품특성 다양성 • 공급자 시장	• 구매 및 생산 협력 관계 관리 • 도면과 명세서에 의해 완성품 제작 • 수요자 시장	• 구매 및 생산 협력 관리 • 상용품 공급자시장 • 전문품 수요자시장	• 제품특성과 품질, 가격경쟁 • 전문품 수요자 시장
구매 방법	• 상시구매 관리 • 공개입찰 계약 구매 • 제품가격, 물류, 유통기관	• 주문생산품 계약 구매 • 제품사양, 규격, 품질, 가격	• 상용성 재공품 공개 입찰계약 • 전문품용 재공품은 계약 생산품구매 - 사양, 규격, 품질, 가격	• 공개입찰 계약 • 주문생산품 계약 구매 • 전문품은 사양, 가격, 품질, 규격
기업 정보	• 기업이미지, 제품 브랜드, 가격 • 유통경로, 유통기관 • 구매방법(계약, 일상)	• 생산능력분석 - 양, 기술, 납기 • 경영역량평가 - 사업범위, 매출, 거래선 • 엔지니어링 능력 분석 - R&D, 품질, 설계, 제작	• 상용성 재공품 - 기업이미지, 계약 방법, 물류, 관리 • 전문품용 재공품 - 생산능력, 경영 역량, 엔지니어링 분석	• 기업이미지 • 제품특성, 기능, 사양, 품질관리 • 엔지니어링 능력 평가 - R&D, 품질, 설계, 제작

□ 구매방법은 구매물품의 사용 시기(계획)에 따라 정기구매와 수시구매를 실시하며, 외주구매를 입찰계약 방법으로 구매할 경우에는 구매요구 품의서, 품목명세서 및 규격서, 계약방법 및 용도설명서, 구매수량과 가격, 구매 장소와 구매일정 정보를 공시하여 진행
  • 구매정보 공개는 특정 대상 기업에게만 공시하는 지명 경쟁입찰 방법과 모든 대상(기업)에게 공개하는 경쟁입찰 방법으로 진행함

Ⅳ. 핵심직무 실무능력개발

[외주 구매절차]

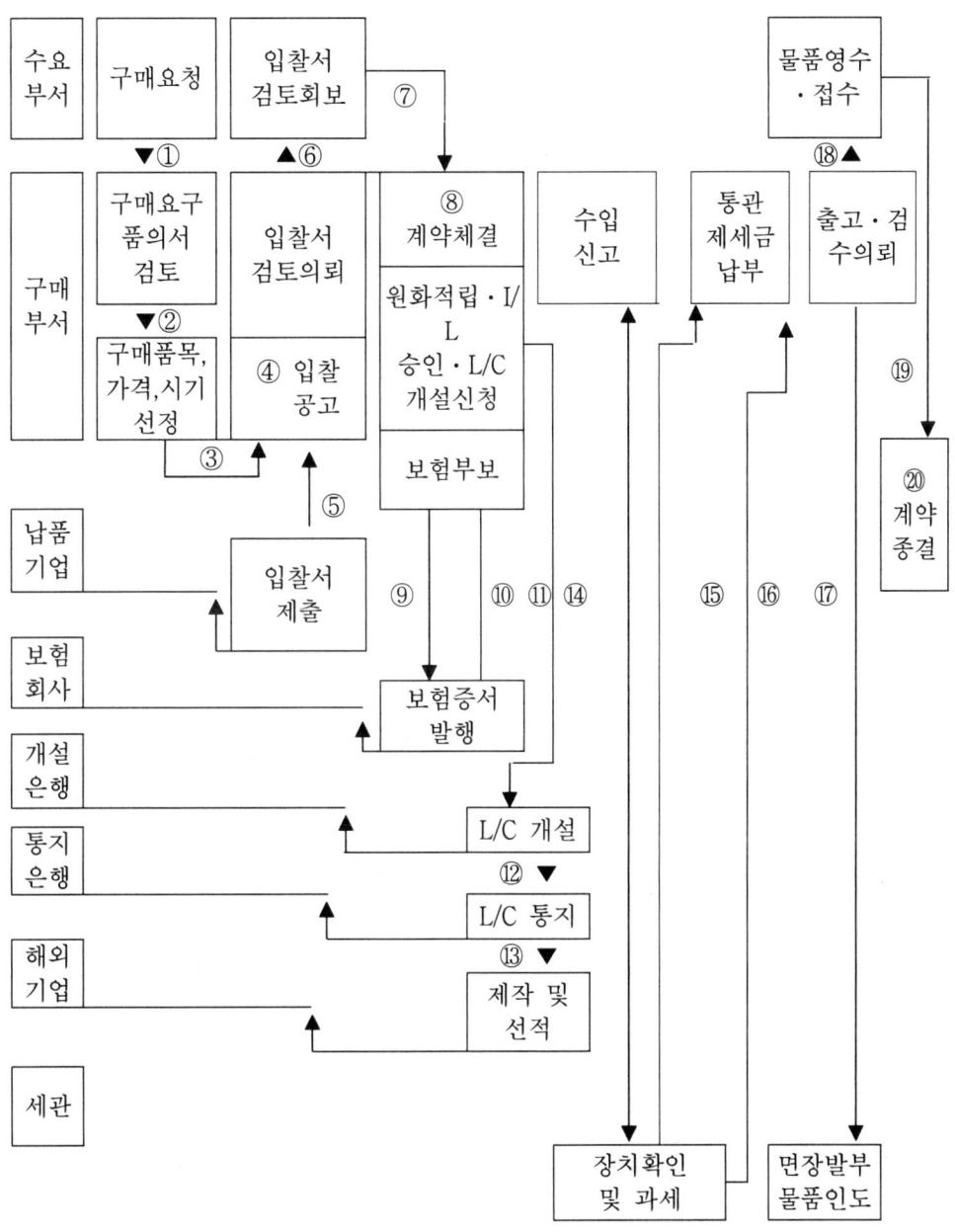

IV. 핵심직무 실무능력개발

1.3 구매계획 수립

□ 기본적인 구매물품(치공구, 설비보전 및 정비자재, 소모성 생산기자재)구매방침과 구매절차에 따라 주기별(월, 분기, 년)로 구매함

- 제품생산용 원재료와 부자재는 생산계획에 따른 원·부자재 수급계획을 수립한 후 구매명세서(품목, 수량, 가격, 시기)의 결재를 득한 후 구매를 실행함

□ 구매계획 작성기준

- 상시적으로 물가동향, 신규시장, 기술정보를 수집하고 물품조달 요구(구매의뢰)부서와 긴밀한 협의를 통해 요구품목에 대한 구매계획을 수립함
- 생산 원·부자재 구매는 제품생산 사양과 생산 일정계획에 기준을 두고 품질, 가격, 납기를 설정하여 구매계획을 수립함
  - 특히 구매기간, 입고시기, 적정재고량, 재고기간에 기준을 두고 구매계획을 수립
- 구매품의 대금지불은 회사지급 기준에 따라 설정
- 구매품의 조달은 물품거래 기본약정서(계약서)를 체결하여 거래함
  - 구매자재는 회사의 시방(규격, 사양)과 도면에 의한 품질표시품(KS, ISO) 또는 검사승인품(형식승인, 안전검사 등)을 우선 구매함
  - 외주 구매제품(완제품, 재공품)은 회사의 구매(사양, 도면)계획에 의한 구매조건의 적정성과 계약내용의 합리성을 고려하여 구매관리 함

IV. 핵심직무 실무능력개발

[구매견적업무 SYSTEM]

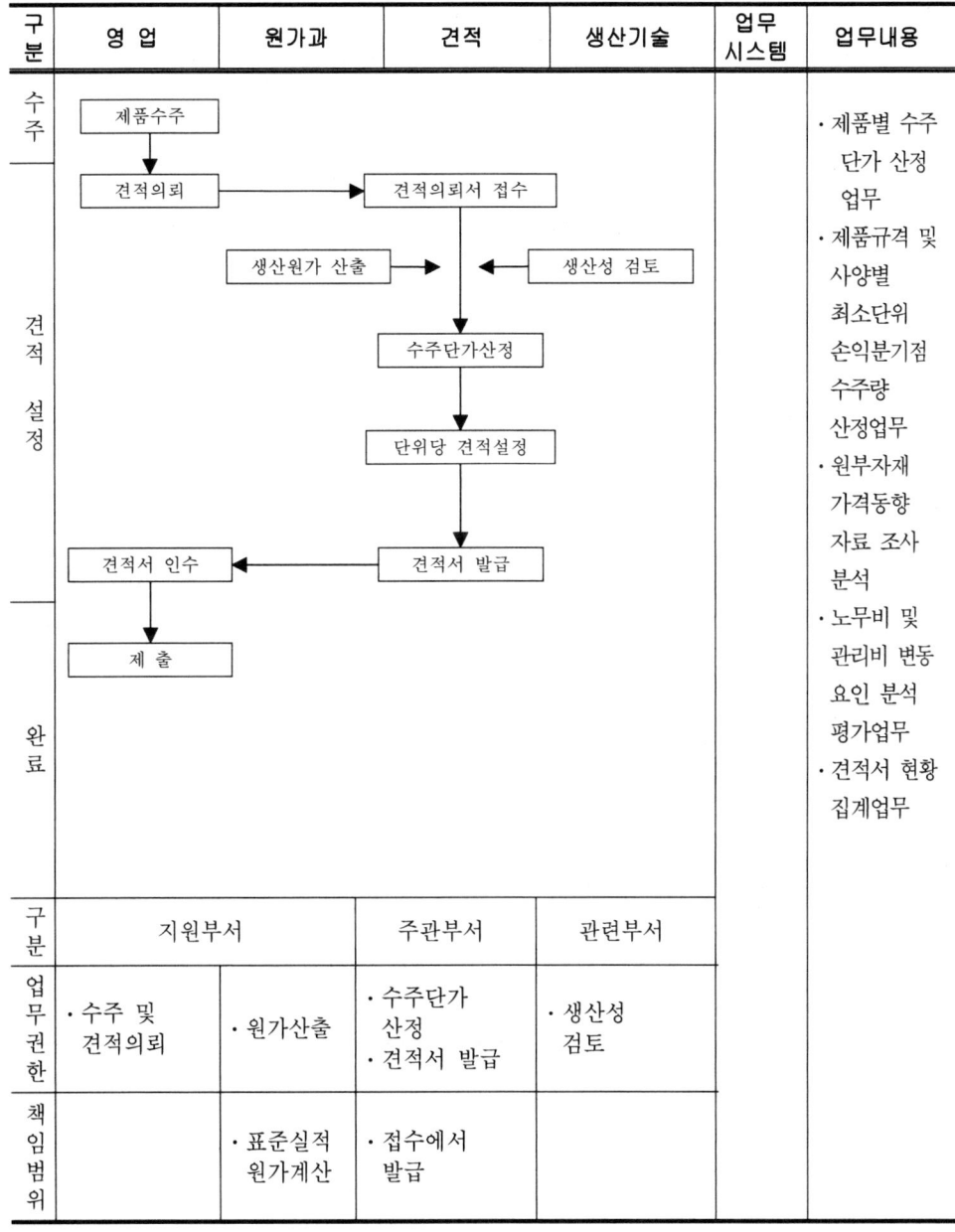

IV. 핵심직무 실무능력개발

[구매계획 내용구성]

구분	계획내용
구매 수량	• 자재수급 계획 및 구매요구(산출기준)량에 따라 구매산정 - 소요량, 재고량 관리
구매 시기	• 시장제품 구매는 물류관리 시스템에 따른 구매시기 결정 • 외주품 구매는 생산업체 리드타임(기술검토, 생산일정, 납품기간)을 고려하여 구매시기 선정
구매 품질	• 시장제품은 사양, 규격, 품질의 정밀성과 내구성의 만족수준을 관리함 • 외주생산품 구매는 사용용도별 기술, 품질, 디자인의 경쟁력 향상과 회사 제품특성과 이미지의 상호공존 관계를 고려하여 해당거래선을 선정하여 관리(지원, 지도)
구매 가격	• 구매제품에 대한 한국물가정보지의 최초자료의 표준가격에 기초하여 구매업체를 선정한 후 구매가격을 상담(할인율) • 독과점 및 전매품을 구매할 경우 견적서(의뢰)를 접수받아 구매가격을 상담하여 결정함 • 협의된 구매가격이 물가변동으로 조정(인상, 할인)이 필요한 경우 원가조사 및 분석을 통해 구매가격 재협상 기준을 설정함 • 시장제품을 공개구매한 경우 2개 기업 이상의 제품을 선정하여 동일조건의 견적(의뢰)서를 접수받은 후 이를 심사(가격, 납기, 수량, 제품특성, 품질) 평가하여 구매(납품)업체 선정과 구매가격을 협의(할인)결정함
구입 방법	• 구매제품 대금지불방법 설정 • 구매제품 인도장소 및 납품장소 • 제품포장 방법과 로트단위 설정 • 물류 이동경로와 수송조건 설정

2. 구매명세서 관리 직무

2.1 조달품 사양관리

□ 구매계획 자재와 물품 및 외주가공(생산)품에 서비스용역에 대한 구매명세서(제품사양, 수입검사 규격 및 방법)를 작성하여 구매업무를 표준화 및 단순화시킴

[구매명세서 작성]

구분		시방내용	관리조직
물품구매	제품 및 부품규격	• 구매품목, 구매수량, 구매가격, 구매방법, 구매시기, 구매조건 • 구매규격, 구매품질, 구매사양	연구 및 기술개발 부서
	수입 검사 규격	• 제품 및 부품 구매품목·규격·품질·사양·수량·포장내용·납기 • 제품 물리·화학적 물성(조성·기능·성능)	품질관리 부서
	표기·포장과 물류 규격	• 사양표기(품목, LOT, 수량) • 수송경로, 보관 및 저장방법 • 결제시기와 방법	생산 및 자재관리부서
서비스용역	목적과 대상, 범위	• 과제배경, 목적과 기대효과 • 서비스 범위(시간적·공간적·내용적)	서비스 수요부서
	과제와 내용	• 서비스 과제와 내용 • 우선순위	서비스 수요부서
	방법과 시기	• 서비스 방법과 과제수행 시기 • 서비스 성과내용 • 결제방법	서비스

Ⅳ. 핵심직무 실무능력개발

□ 한편, 외주가공품 명세서 관리는 자재 및 물품의 외주가공을 위한 품질, 가공방법, 시험방법, 검사방법, 수송조건과 대금지불 조건, 포장 및 표시방법을 설정함
- 명세서에 작성되는 외주가공사양은 제품품질 표준규격(KS, JIS, ISO)에 따르거나 제품구매자가 지정하는 품질요구도가 충족되도록 표준관리 규정에 고객 요구도를 반영하며 구매 시방으로 활용함
- 외주가공 구매명세서는 품목별, 제품규격(도면, 사양)과 수입검사 기준(품질, 수량)에 따라 작성되며, 수송(물류) 및 대금지불 조건을 구매계약서에서 정하는 내용에 따라 실행방향이 설정됨

[외주가공품 명세서 작성]

구분	시방내용	관리조직
제품 사양서	• 제품제작도면 및 제품사양서 • 외주가공도면 및 가공방법 • 제품 가공재료 사양(종류, 형상, 물성)	생산기술 부서
가공 사양서	• 가공대용, 가공방법, 가공조건 • 가공설비와 장비	생산기술 및 생산관리 부서
품질 기준서	• 품질검사기준(형상, 물성) 및 검사방법 • 품질규격(제작도면 적합도, 가공사양 충족도, 가공품 품질수준)	생산기술 및 품질관리 부서
수입검사 기준	• 제품품질 및 규격(도면, 형상, 정밀도) • 제품물성(화학적 조성, 기계적 성질) • 제품LOT, 수량, 포장	품질관리 및 자재관리 부서
납기 및 결제 관리	• 납기, 입고방법 및 검수내용 • 결제방법 및 결제주기	자재관리 및 경리관리 부서

2.2 납기 준수율 관리

□ 구매조달 및 외주가공 협력업체들의 납기에 대한 의식을 고취시켜 납기준수율 향상과 상호간의 생산효율성을 향상시킴

- 조달 및 외주가공 품목별로 납품계획서와 납품실적표를 분석하여 발주량의 95% 이상을 관리함
- 발주품의 입고검사는 납품량의 5%를 무작위로 분류한 후 이를 대상으로 샘플링 검사를 실시하여 불량이 없을 경우 전량입고하고 불량이 발견된 경우 무작위로 추출된 5% 물량을 전수 검사하여 불량률 수준을 측정하며 이 중(5% 중) 15% 이상의 불량률이 발견되는 경우 전량 불량처리하고 15% 이하의 불량률일 경우 납품물량 전량을 검사(전수검사)를 실시하여 합격품만 입고시킴

□ 협력업체로부터 여러 품목을 조달 및 외주 가공할 경우의 납기준수율 관리는 품목의 A, B, C 분류기준에 의해 A품목의 납기준수율을 우선적으로 관리함

- 납기시점에 다량의 수량을 입고할 경우 적정량을 분할하여 순차적으로 입고하도록 납기를 관리하고 소량일 경우에는 일괄적으로 입고관리를 함

3. 구매발주관리 직무

3.1 조달제품 계약관리

□ 시장제품을 상시 대량구매하거나 외주생산품을 구매할 경우에는 구매업체를 선정(계약)하여 요구품목을 필요한 시기에 최저 가격으로 공급받을 수 있도록 관리함
- 상시구매제품의 구매업체 선정은 2개 업체 이상의 복수견적에 의해 선정하되 기존 거래선을 우선적으로 선정하며, 신제품을 최초로 구매한 경우에는 공개입찰방식으로 구매업체를 선정함

[원·부자재 구매 SYSTEM]

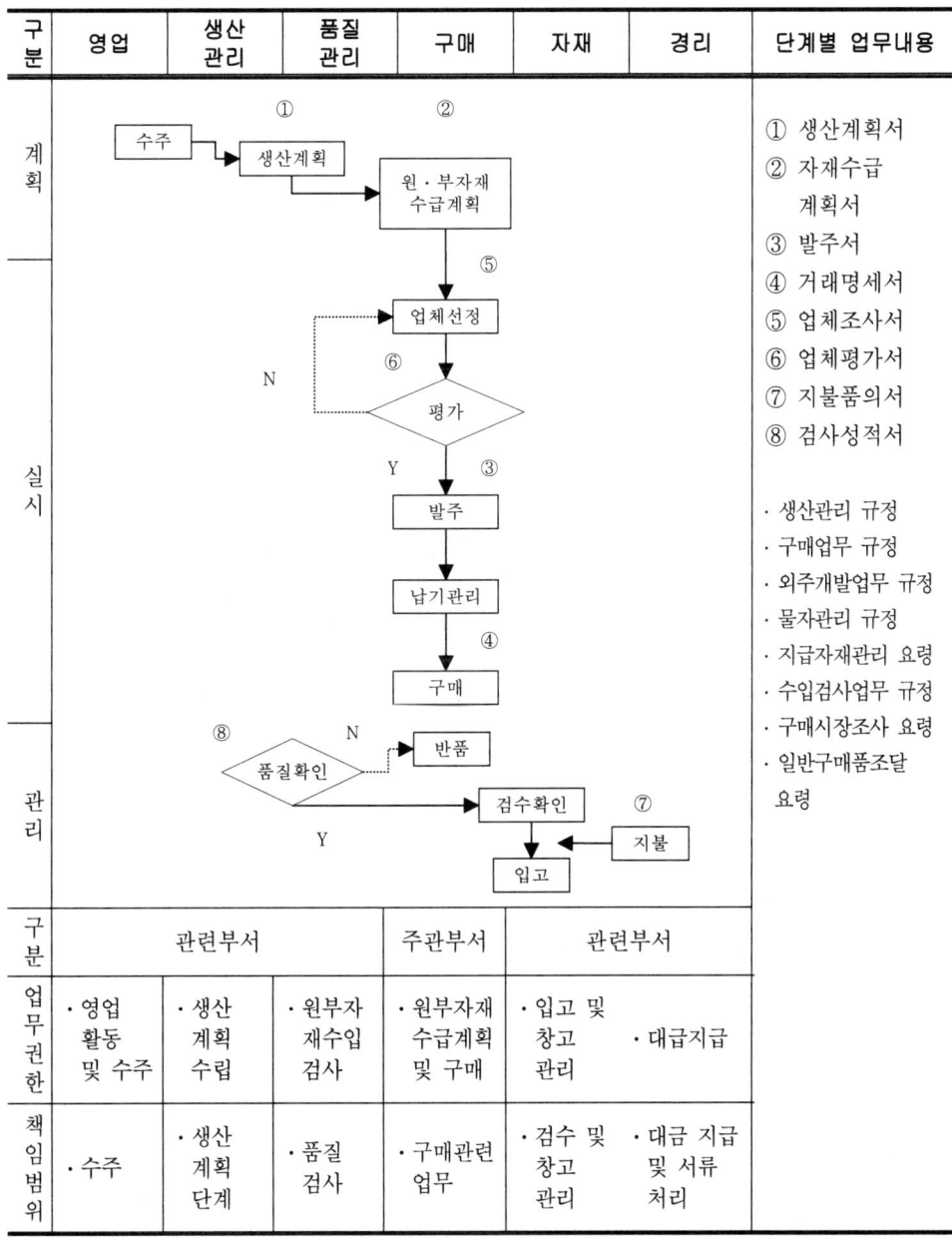

Ⅳ. 핵심직무 실무능력개발

[제조설비 구매 SYSTEM]

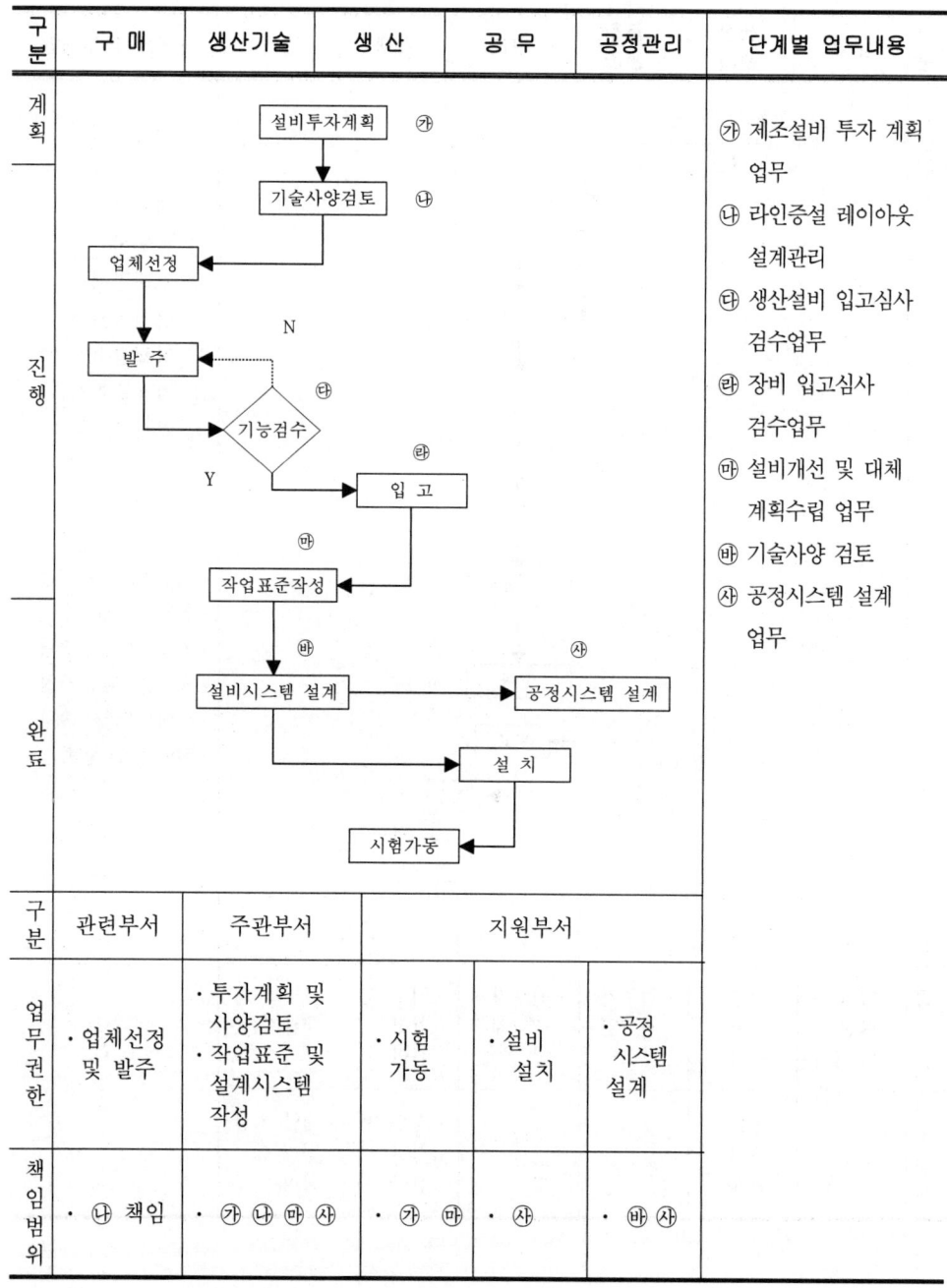

[구매입찰 관리]

구분	관리내용
일반경쟁입찰	• 구매계획 내용의 공고안을 작성하여 일반에 공개한 후 입찰참가(자격)자를 대상으로 거래(납품) 조건을 심사·평가하여 구매업체로 선정
지명경쟁입찰	• 구매계획 내용을 지명(1차 선정)된 일부에게만 공개한 후 제안되는 거래조건을 심사·평가하여 구매업체로 선정함
공고기간	• 구매계획 내용을 일반 또는 지명자에게 공개하는 기간으로 구매계획 일정에 따라 최소 7일에서 최대 40일 범위에서 선정함
입찰보증	• 입찰참가자의 계약(제안)내용 이행을 보증하기 위해 구매계약(입찰)금액의 일정비율(5% 수준)을 현금, 은행, 지급보증서, 이행보증 보험증권 등으로 관리함
입찰(제안)서 심사·평가	• 구매계약 내용의 일반조건 이행조건 • 구매제품의 기술규격 적합성과 수준 • 제안참가 업체의 구매제품 관리능력 - 기술개발, 생산, 물류, 납품
입찰조건 변경관리	• 입찰진행(제안심사, 계약협의) 과정에서 구매계약 내용변경 및 조정이 필요할 경우 입찰사항의 철회 또는 일부내용을 변경하여 진행함
계약서 작성	• 입찰내용의 심사결과에서 구매조건과 규격 적합자가 있을 경우 최적자를 낙찰자로 선정한 후 구매계획 내용의 계약조건에 따라 계약서를 작성함
수의계약	• 입찰과정의 절차를 거치지 않고 특정의 계약상대자를 단독으로 지정하여 견적(제안)서를 제출받은 후 계약조건인 생산기술과 품질(제품특성) 및 납품(수량, 시기, 방법, 가격) 요건을 심사하여 적정수준으로 판단될 경우 구매계약 내용을 시담하여 계약을 체결함

3.2 수입물품 구매관리

□ 수입제품의 구매는 관세법(제 241조 제 1항)에 근거하여 수입통관 사무처리를 실시 함

IV. 핵심직무 실무능력개발

□ 수입통관 사무처리 기준
- 수입신고서
- 가격신고서
- 포장명세서(세관장 불필요 인정시 제외)
- 원산지 증명서(해당물품 대상)
- 세관장 확인물품 및 확인방법 지정고시 중 신고처리 전 구비서류
- 관세감면(분납)용도 세율적용 신청서(해당물품)
- 송품장
- 선하증권 부본&항공화물 운송장

가. 신용장 개설

□ 수입업자의 의뢰에 의해 은행을 통하여 수출업자 앞으로 개설되는 대금결재수단인 신용장은 수익자(수출업자)에게 환어음의 지급, 인도를 이행보증수단(증서)으로 활용함

□ 신용장 개설은 신용장개설신청서 및 수입허가신청서를 외국환은행(개설은행)에 제출하여 개설 의뢰와 동시에 수입 담보금을 적립한 후 수입허가(승인) 취득 및 신용장개설 후 개설은행의 L/C를 수익자(수출자)에게 송부함

[신용장 개설절차]

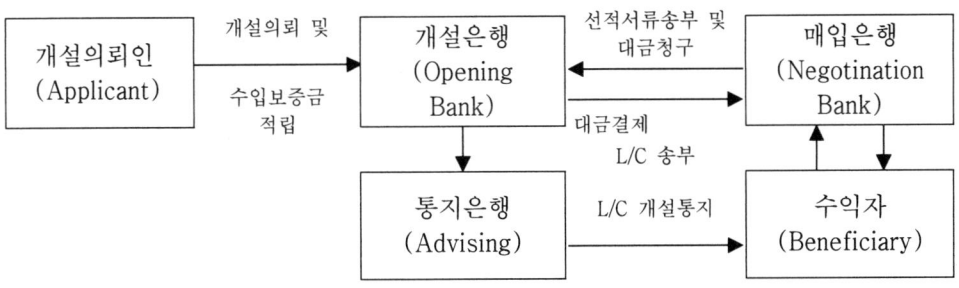

□ 수입품은 운송 중 발생할 수 있는 사고 또는 손해가 발생할 것에 대비하여 손해를 최대한 보전할 수 있도록 물품의 성질 또는 종류에 따라 적합한 부보조건(보험)을 선택하여야 하며, 보험요율은 해상보험료율표에 의한 해상적하보험요율로 산정됨

- 부보조건은 기본보험조건(All Risk)에 부가보험조건(Additional Conditions)을 추가할 수 있으며, 보험료는 다음과 같이 산정됨
  - 선적금액이 계약금액과 차이가 있을 때
  - 계약금액의 감액 또는 계약해지
  - 적용보험료율의 변동
  - 운송방법의 변동

□ 수입품의 수입신고는 신고인(화주 또는 관세사명의)이 보세구역에 반입, 장치된 수입품을 인수하겠다는 의사표시를 세관장에게 하는 것으로 과세물건 납세의무자의 신고서류인 수입신고서, 수입허가서, 선하증권 등 선적서류와 보험증권, 과세가격 관계자료, 징수유예 또는 감면신청서(관세법 등에 해당하는 물품)를 제출하여야 함

Ⅳ. 핵심직무 실무능력개발

나. 수입품 통관

□ 수입품의 통관은 화물운송사로부터 인수(조달청 위임구매품목은 조달청을 경유)하며, 선적서류인 선하증권(Bill of Lading)과 상업송장(Invoice) 및 포장명세서(Packing List)가 첨부됨

[수입품 통관절차]

단계	내용
1. 수입신고	보세구역에 물건을 반입한 후 30일 이내에 관할 세관장에게 신고
2. 수입검사	수입 신고서류의 구비여부 및 무역관련법규의 위반여부를 심사
3. 세관검사	수입 신고된 물품의 실체를 확인하는 절차로서 현품검사와 서류검사를 병행해서 실시함
4. 과세가격 신고 및 결정	수입물품의 가격 자료를 첨부하여 신고한 가격을 검토하여 과세가격을 결정
5. 관세부과 및 제세 납부	과세가격을 기준으로 관세 및 제세율 산출해서 부과함

다. 수입품 구상관리

□ 선적기한(L/C 상 Shipping Date)을 경과하여 지체 선적된 경우에는 선적기간 내에 미선적품의 계약금에 대하여 지체상금을 징수하여 귀속조치 하여야 하며, 불가항력이나 수입자의 귀책사유로 인한 경우에는 면제할 수 있음

- 지체상금은 지체일수당 0.1%로 하되 계약금액의 5%까지 징수하고, 징수방법은 신용장의 특수조건으로 부기하여 매입은행에서 수익자(공급자)로부터 차감하게 한 후 개설은행을 통하여 환수하거나 국내 대리점으로부터 직접 징수함

□ 운송 중의 사고로 인한 손상화물이 발생된 경우 본선사고와 공동해손분에 대해 구상을 청구함
- 산업분쟁의 구상은 통관 후 물품인수 결과 발생된 물량 부족 또는 규격의 상이품 등이 발견될 경우 공급자가 발생되는 제비용을 부담하고 대체공급 또는 추가 공급하도록 구상조치를 취함
- 손상화물의 구상은 수입외자의 인수전에 발생한 화물사고 등에 대하여는 사고의 발생원인 및 부책자를 규명하여 구상절차를 취하되, 계약서류, 선하증권, 선적서류, 보험증권과 사고품의 상태 및 수량 확인하여 구상조치를 취함

□ 구상 증빙서류
- 본선양하수보고서(Cargo Boat Note)
- 손상화물검정보고서(Damage Survey Report)
- 검수일보(Daily Checking Report)
- 구상권유통보문(Notice of Damage and/or Shortage)
- 제비용을 증명하는 자료
- 기타 필요한 증빙서
  - 본선사고보고서, 부책자 결정, 구상료 산정

Ⅳ. 핵심직무 실무능력개발

[구상 제기]

대상	시효기간
선박회사측(보상규칙)	1년 이내 제기(선하증권 통일)
보험회사측	보험금 청구시효인 2년 이내에 제기
공급자측	계약상 품질보증기간인 1년 이내 제기

4. 외주협력업체 개발 업무

4.1 외주업체 선정

□ 외주품 개발은 완제품 또는 제품생산에 필요한 부품 및 부문품을 다른 기업(협력업체)에 생산을 의뢰하며 조달하는 방법으로 생산원가 절감 및 생산성 향상을 위해 추진함

[외주품 생산업체 선정 및 지원]

구분	외주 역할과 기능
협력업체 선정	• 외주품의 명세서, 제조공정, 품질관리 역량 보유업체 • 목표생산원가 및 생산능력 보유 및 확충가능 기업 • 외주품 조달예정 시기를 충족할 수 있는 역량(설비, 인력)보유 기업 • 외주 및 협력업체 선정 평가요인이 충족된 기업
외주생산 업체지원	• 협력업체 또는 외주생산 희망업체를 선정(지정)하여 신제품 및 신공법 개발을 위임함 • 신제품 및 신공급 개발에 필요한 기술, 장비, 재료, 비용 지원과 기술 및 품질지도 인력을 파견하여 관리
협력업체 관리	• 제품 및 부품 생산도면을 제공하여 계약조건에 따라 생산하여 조달함 • 조달제품 경쟁력(원가절감, 품질향상, 생산성 증가) 향상을 위한 기술지도, 경영지도, 품질지도 및 운영자금을 지원함

[외주업체 평가지표]

항목	세부내용 (평가지표)	평가기준 3	평가기준 2	평가기준 1	가중치	점수
경영 및 재무구조 (18)	자기자본율	50% 이상	30% 이상	30% 미만	1	
	자금조달능력	당좌 대월가	담보능력보유	담보능력 미흡	1	
	영업실적	신장	현상유지	감소	1	
	동종산업의 신뢰도	(상)	(중)	(하)	1	
	경영자의 현업종 경력	동업종 5년 이상 경력	동종업 2년 이상 경력	동종업 2년 미만 경력	1	
	해당품의 경영자관심도	상	중	하	1	
가공설비 (38)	공장보유	자가	시설 자가	임대	1	
	해당제품의 시설적합성	80% 이상	60% 이상	60% 미만	3	
	시설의 활용도	80% 이상	60% 이상	60% 미만	1	
	예상 재하청 정도	중요가공 자가	중요가공 일부 외주	중요가 50% 이상 외주	1	
	기술능력	상	중	하	2	
	기술인력(평균경력)수준	5년 이상	3년 이상	3년 미만	1	
	외국과의 기술교류 관계	-	있다	없다	1	
	형·치공구 보유 및 제작능력	상	중	하	1	
	해당 품목과 동일 유사물 생산실적	동일기능품	유사품	경험 무	1	
품질관리 (15)	시험측정설비 및 정도	해당품목검사	기본측정설비 구비	측정설비 부족	1	
	해당품질 확보 능력	SQC 실시	QC 전담관리	QC 관리자 전무	3	
	품질관리 체계	표준완비 및 실적구비	QC 공정도 도구 및 실시	QC 관계표준 없음	1	
생산관리 (6)	생산계획의 현실성 및 관리상태	상	중	하	1	
	도면, 기술자료, 치공구, 원자재 및 제품의 관리상태	상	중	하	1	
자재수급 및 지원 (8)	소재사급 여부	-	불요	사급	1	
	금형비 지원 및 상황	불요	상환가능	상환가능	1	
	생산기술 및 품질지도의 필요성	지원필요 없음	부분적 지도	부분적 지도	1	
개발능력과 의지 (12)	개발소요시간	상	중	하	1	
	추진력 및 협조도	상	중	하	1	
	납품소요일수	상	중	하	1	
	기밀유지능력	상	중	하	1	
합계						

IV. 핵심직무 실무능력개발

[외주업체 선정심사표]

업체명:　　　　　　　　　　일자
대표자명:　　　　　　　　　작성자

항목	NO	평가항목	평가 A(3)	평가 B(2)	평가 C(1)	비중	평점
경영및재무구조	1	공장소유관례	자가	시설자, 공장임대	임대	1	
	2	공장위치	1H이내거리	2H 이내거리	2H 이상	1	
	3	공장설립연수	10년 이상	5년 이상	5년 미만	1	
	4	자기자본율	50% 이상	30% 이상	30% 미만	1	
	5	경영자 학력	초, 대졸 이상	고졸	중졸이상	1	
설비·기술 및 기능	6	설비현황	전용기, 특수설비 보유	전용기,특수설비 있으나 기타설비 미흡	전용기, 특수설비 없으며 기타설비도 미흡	1.5	
	7	해당예산품목과의 협상도	80% 이상	50% 이상	50% 미만	1	
	8	기술인력 현황	당 업종 5년 이상 근무	당 업종 3년 이상 근무	해당사항 없음	1.5	
	9	금형, 치공구 관리	관리대장, 보관대 있고 관리상태 양호	관리대장, 보관대 있으나 관리 미흡	방치	1	
	10	해당품목과 유사품 생산실적	있다	-	없다	1.5	
	11	외국과의 기술교류	있다	-	없다	3	
품질관리	12	품질관리 체계도	체계도 있으며 조직 구성되어 있다	체계도만 작성	해당사항 없음	1.5	
	13	검사기준서, 작업지도서 등 QC관계서류	작성되어 있으며 실제 적용중	설치되어 있으나 형식적임	해당사항 없음	2	
	14	시험측정설비	해당품목 검사설비보유	기본측정설비보유	측정설비부족	1.5	
	15	경영자의 품질관리에 대한 지식 및 관심	최근 3년 사이 외부품질관리 교육이수	최근 5년 사이 외부품질관리 교육이수	해당사항 없음	2	
	16	계측기관리	연간 정기검사 유효	연간정기검사 유효기간표시 없음	정기검사 하지 않고 있다	1.5	
	17	국내외규격획득여부	KS 또는 국내외 승인 규격 획득	공공기간의 승인 획득	해당사항 없음	2	
	18	납품용기 활용	규격용기 활용	용기있으나 규격 불안정	옥 외 방치	2	
	19	규격용기 활용	규격용기 활용	용기있으나 규격 불안정	용기없음	1	
	20	청정운동	실시중	형식적	해당사항 없음	2	

합계(가)+(나)=　　　　　　　　　　　　　　　　　　　　　　　(가)
(나) 조사자 의견(10)　　　종합의견:
주) 생산품목에 따라 심사기준을 다르게 구성함

4.2 외주협력업체 관리

□ 선정된 외주업체를 대상으로 생산 및 제작할 제품과 부품, 부문품을 할당하여 협력관리체계를 설정(계약)하여 개발을 추진하도록 함

[외주협력업체 관리역할]

구분	관리역할
개발과제 관리	• 제품개발 및 생산품의서 • 제품도면(제작, 생산)과 부품규격 및 사양서 • 생산견적서 및 개발역량
개발과정 관리	• 개발업체 선정 • 외주개발 및 생산사양서 작성 • 개발 및 생산공정과 품질관리시스템 점검 • 생산품 품질(사양, 규격, 표준화)검사 • 품질 불량방지 및 생산원가 관리시스템 설정 • 생산능력 및 품질보증 관리체계 구축
생산원가 관리	• 외주제작 및 생산표준 조달가격 결정을 위한 견적서 및 공정도 확인 • 생산공정 실사 및 투입(생산)원가분석 및 표준단가 결정
협력업체 지원	• 예상되는 개발비용 지원 • 조달품 제작 및 생산설비(기계, 금형, 치공구) 및 검사장비(검사구)지원 • 조달품 제작 및 생산기술, 방법, 지원

[외주업체 협력도 평가기준]

항목		평점	계산식	담당	비고
결품률 (LINE 중단 시간)		50	(1-해당중단 M/H)*50 /구매 총 중단 M/H*환산개수	구계 외협	
불량률	LINE 불량률	10	(1-라인 클레임 수량)*10 /총 라인 투입수량	QA	
	수입검사 합격률	20	직진율*10	구계 외협	
RCD협조도율		20	분기 RCD 총액*200 /분기 총 납품액 *분기 RCD액이 0.5%일시는 10점 계산	외협	
협력도	협력회 및 교육행사 참여도	5	실 참석자총점/참여대상회수*5 *참석자수: 대표자 및 임원: 1, 부장: 0.8, 직원: 0.5, 불참: 0	외협	
	각종 지도지원 육성계획 참여도	5	실 참여건수/참석대상회수*5	외협	
	품질개선 협조도	5	개선완료건수/품질개선요구건수*5 *품질개선 요구 없는 업체: 만점(5점)	구매	• 구매부 선임과는 본 항목에 대해 업체별 항목별 평가집계 후 익월 10일까지 별도양식 의거 외협으로 제출 • 비협력도의 해당사항이 없을 시에는 무감점으로 한다.
	긴급(소량)품 협조도	5	(해결완료건수/긴급(소량)납품요구건수)*5 *긴급(소량)납품요구건수가 없는 업체: 만점(5점)	구매	
비 협력도	기밀누설	-5	• 도면누설 -5 • 타사에 정보누설 -4 • 당사부품 시장누출 -3 • 기타 기밀누설에 해당 시 -2	구매	
	기술인력 양성기피	-5	• 기술, 기능 인력 미 보유 -5 • QC 담당자 미확보 -3	구매	
	기타 비협조도	-5	• 약속불이행 -5 • 각종 대책일정 불이행 -3 • 라인중단(매월발생시 -1) 최고 -5 • 납품수량착오(건당 -1) 최고 -5	구매	

4.3 협력업체 지도

□ 협력업체에서 제작하는 생산품의 품질 및 기술 수준 향상을 위해 조달품의 불량률 감소, 경쟁력 향상과 더불어 협력업체의 자립기반 확립으로 지속적인 관계 형성과 협력체계를 조성함
- 조달품 제작 및 생산에 필요한 기술·품질·경영지도 및 기술인력에 대한 교육을 지원함
- 제품개발비, 설비구입, 공장이전 및 증·개축, 운영자금을 지원함
- 치공구, 설비 등 현물과 공정개선, 품질검사 기기 등을 유·무상 지원함

□ 협력업체의 품질안정과 생산원가 절감, 생산성 향상 방법, 품질보증체제와 작업개선, 생산설비 개선, 생산관리방식의 합리화 등을 지도 및 교육지원 함

[지원 및 지도업체 선정]

구분	대상업체
지원 대상	• 협력업체 정기평가결과 선정된 우수업체 • 협력관리 대상업체 중 지원 • 협력업체 육성방안에 의거하여 관련부서에서 요청하는 업체
지도 대상	• 품질, 원가, 납기 면에서 현저히 낙후되어 있는 업체 • 신제품 개발에 참여한 업체 • 증축, 이전, 설비교체 등에 따른 레이아웃 변경이 필요한 업체 • 연간 협력업체 교육계획에 의거 교육실시의 필요성이 있는 업체 • 기타 자체교육이 미흡하거나 교육실시의 필요성이 있는 업체

Ⅳ. 핵심직무 실무능력개발

[지원내용 분류]

구분	지원내용
자금지원	• 공장의 증·개축 및 이전자금, 설비구입자금, 원·부자재 구입자금, 신규 개발에 필요한 각종 개발비, 선급금 등 지원
설비지원	• 조달품 개발 및 제품양산시스템 구축에 필요한 설비, 품질검사 계측기 등을 유·무상 지원
교육지원	• 품질보증체제의 확립을 위한 각종지도 • 공정 및 설비개선 등 생산관리방식의 합리화 • 개발 및 양산체제의 합리화 • 조달품 개발 및 생산에 관계되는 생산기술 분야와 품질, 경영, 노무, 회계 등 일반관리 분야 교육실시
지원방법	• 연간 지원금의 한도는 협력업체 지원 사업계획 중 자금지원계획 금액 한도 이내에서 지원하되 업체당 최대 한도지원액을 설정하여 지원 • 설비·운전자금 등의 유상지원의 경우 지원금액의 상환은 조달제품 결제금액에서 일정기간 분할상환하거나 지정(거치)기간 경과 후 일괄 상환방법을 선택하여 관리함

[분야별 지원역할 할당]

구분	지원역할
품질관리 부서	• 품질관리 체계 확립 　- 공정품질 안정화, 품질관리 기초수법 지도 　- 각종 불량품의 분석, 대책수립 및 실시 　- 계측기정도 유지관리 지도 　- 각종 규정 류, 표준 류, 제·개정지도
생산관리 부서	• 생산체계 확립 및 생산성 향상관리 　- 생산계획 수립지도 　- 생산실적 평가, 보고 등 지도 　- 생산성 향상을 위한 각종지도(가치혁신, 생산혁신) 　- 적정재고 유지관리지도(재고 감축) 　- Line 간의 물류, 조달물류 등 방안지도 　- 설비 및 치공구 보전지도 　- 종합설비관리 지도 • 설비자동화 관리 • 단위공정 자동화 지도: 간이자동화 지도 • 공정간 이동 자동화 지도 • 전 공정 레이아웃 개선지도 • 공정합리화 방안 지도

5. 조달품 입고관리 직무

5.1 조달품 검사 기준관리

□ 조달품과 외주가공품의 품질향상 및 신뢰성 향상을 통해 품질보증 관리를 실행할 수 있으므로 원·부자재 및 각 외주가공품이 정하는 품질수준이 관리 및 유지되도록 함

- 수입검사 대상은 설비·장비·기계부품 및 원·부자재 조달품과 외주가공품이 해당되고 중량, 수량, 형태, 형질검사를 함

가. 원·부자재 및 구매품 검사

□ 구입선에서 거래명세표와 함께 자체 성적서 또는 공인기관의 계량 및 시험 성적서를 첨부하여 납품하며 거래명세표는 구입선에서 작성

- 파괴검사 및 시험에 필요한 시편을 물품 납품에 2개 이상 규격서에 준하여 제출하여야 하며, 검사비용은 별도 계약사항이 없는 한 납품자의 품질보증용으로 제출함
- 구입선은 구매부의 확인 후 검사과 접수창구의 검사입고대장에 기록한 후 검사명세표를 담당 검사원에게 제출함
- 담당 검사원은 검사, 납입이력 관리대장에 기록을 하고 품질검사를 한 후 이상이 없을 시 거래명세표(검사용)를 보관하고 거래명세표와 물품을 구매관리 부서 담당에게 인계함

Ⅳ. 핵심직무 실무능력개발

나. 시작품 검사

□ 시작품 검사에 해당하는 부품은 구매부서 및 관련부서에서 검사 의뢰 함

- 납품자는 제품을 대표하는 검사샘플(시작품)을 제작하여 자체 검사 성적서와 각종부품검사 성적서 및 각 부품의 샘플과 기타 참고자료를 첨부함
- 시작품 납품 시는 품질관리 책임자 또는 기술 책임자가 내사하여 품질보증 책임자(등록, 변경) 통보서를 제출해야 하며 제조상의 문제점 협의와 품질수준을 합의함
- 검사부서는 검사의뢰서 접수 시 검사, 납입 이력관리 대장에 기록하며 검사결과는 품질평가표에 작성 후 구매부서로 통보함
- 검사에서 불합격 판정으로 인하여 재납품 시는 시정조치 내용을 기록하여 납품함

다. 초기 양산품 검사

□ 납품자는 전수검사하며 자체검사 성적서를 첨부 납품함

- 파괴검사 및 각종 시험에 대해서는 로트의 1% 이상(최초 3개)을 시험하고 시험성적서를 첨부납품하며, 검사부서 시험 및 검사를 위하여 시험편 또는 시료를 2개 이상 제작하여 납품함. 시험편은 로트를 대표할 수 있는 것으로 하며 시험성적서와 제품이 동일 로트임이 식별되어야 함
- 납품자는 거래명세표를 작성하여 검사과에 접수시켜야 하며 합격·불합격 판정에 따라 처리함. 초기 양산품 검사 시 불합격

및 특채일 경우는 시정조치 후 제품과 수정된 공정도를 첨부하여 납품함

라. 양산 납품 시 검사

☐ 납품자는 양산 납품 15일 전에 기제출된 공정도에 대해 품질보증부서의 승인을 받아 검사기준서와 검사성적서를 작성하여 3일전에 품질보증부서에 제출함

- 거래명세표는 구매부 발주 확인 후 검사부서에 제출함
- 포장은 로트 단위로 포장함을 원칙으로 하고 겉포장에는 로트번호, 수량, 부번, 품명, 납품일자, 제조처명을 기재함
- 조립부품에 한하여서는 조립된 부품의 확인을 위하여 정밀검사 주기를 설정(검사기준서에 명기)하여 주기별로 부품에 대한 검사확인을 실시할 수 있도록 부품 샘플을 납품함
- 운송시의 취급 부주의로 인한 파손 및 하역작업 시 발생하는 분야에 대해서는 납품자가 책임을 지는 것을 원칙으로 함
- 장기보관을 고려하여 방청처리가 필요한 제품은 기준과 규격에 준한 방청처리를 함

5.2 검사실시

가. 검사절차

☐ 거래명세표 및 기타첨부 서류 확인

- 거래명세표에 미비사항이 없는가를 확인
- 제조처 검사성적서를 확인

Ⅳ. 핵심직무 실무능력개발

- 제조처 검사성적서의 적합 판정이 정확한지 확인
- 시험성적서의 합격여부 판정 확인

☐ 거래명세표와 물품명세서 확인

- 외관상태 확인
- 포장의 기록사항 및 포장상태 확인
- 방청 및 기타 처리 관계 검사
- 납품된 물품은 검사 입고대장과 검사 납입이력관리 대장에 기록

☐ 검사기준서 준비

- 검사에 필요한 설비 및 측정기, 게이지, 지그 등을 정도면에서 확인하고 준비
- 시료를 검사규격에 의하여 랜덤하게 채취
- 검사규격 및 검사기준서에 의하여 측정
- 납품자 검사 성적서와 비교하여 이상점이 발생될 시는 재검사를 함
- 검사담당자는 검사수준과 비교하여 일차 합격여부 판정을 결정
- 검사과정은 최종 합격여부 판정을 내리며 결재
- 검사성적서는 준비된 품목별 성적서철에 보관(매년마다 교체, 보관은 별도로 규정된 품질 보증서류 보관 연한에 따름)

나. 검사 후 조치

☐ 검사 합격품은 거래명세서 결재(품질승인) 후 자재관리 부서로 이관하여 입고시킴

- 검사과 담당자는 검사, 납입이력관리 대장에 검사내용 및 입고

수량, 로트번호 및 소재검사 번호 등을 기입한 후 거래명세표와 물품을 물자 담당에게 인계함

[불만처리 SYSTEM]

구분	영업	품질보증	생산관리	생산	업무 시스템	업무내용
클레임접수통보	접수 ① → 클레임 통보 ② → 판정 (N/Y)				㉮ 클레임 발생 금액 ㉯ 클레임 발생률 ㉰ 클레임 발생 건수	· 제품불만 방지 개선 대책 수립 및 관리 · 하자 및 고객 불만 현황접수 및 문제 요인 원인분석 · 하자 및 불만 개선안 탐색 및 문제해결 · 하자 및 불만사항 손실금 산정과 사후관리
클레임처리분석및개선	대책수립 ←	접수 → 불만원인 조사 → 원인분석 → 종합 ③	클레임 통보 → 불만원인 조사	대책수립		
사후관리		개선계획 → 표준화 → 클레임 Data정리 → 원인분석 ㉮㉯㉰				
구분	관련부서	주관부서	관련부서			① 클레임 접수대장 ② 클레임 통보서 ③ 클레임 처리 보고서
업무권한	· 클레임 접수 및 대책수립	· 원인분석 조사 · 개선계획 · 사후관리	· 공정품질 관리 및 개선	· 설비 및 장비관리		
책임범위	· ①②에 대한 책임	· 접수 후 사후관리 까지	· 관련 하자 부품에 대한 전체적 책임	· 관련하자 부문에 대한 책임		

IV. 핵심직무 실무능력개발

☐ 불합격 판정에 대해 이의가 있을 시는 근무 3일 이내에 해당검사 과장에게 이의 제기를 하여야 하며 기한 내 이의 제기가 없을 경우에는 판정에 승복하는 것으로 함

- 불합격품은 합격품과 혼동되지 않도록 불합격 꼬리표를 부착하여 불량품보관소에 보관시킴
- 불합격 처리된 제품에 대해서는 구매부에서 3일 이내에 구입선에 반송될 수 있도록 조치하며 만약 3일이 경과된 후에도 검사과에서는 불합격품에 대한 반송조치가 이루어지지 않을시에는 검사과에서 3일 단위로 미반송 리스트를 작성하여 처리기한을 명기 후 1회에 한하여 반송독촉 공문을 구매부 및 구입선으로 발송하며 이에 조치가 없을 시에는 검사과에서 임의 폐기 처리함
- 불합격품의 반송절차는 검사과에서 출문증을 작성 불량 내용을 간단히 기록하여 반송 처리함

☐ 외주부품 사용 중 또는 중요 클레임 발생 시에는 품질 보증과에서 불량내용 및 작업장을 분석하여 비용변상 품의를 득한 후 구매부 및 경리부에 통보함

- 경리부에서는 통보된 비용에 대하여 납품자를 대상으로 회계 처리함

다. 검사결과 기록 및 유지

☐ 검사성적서 및 시험 성적서는 합격품의 경우는 1부 작성하여 검사 담당자가 보관하며, 불량품의 경우는 3부 작성하여 원본은 보

관, 1부는 구매부, 1부는 구입 통보용으로 사용함

- 검사성적서 및 시험성적서의 보관기관은 10년으로 함
- 거래명세표는 외주 공장에서 작성하며 검사과에서는 거래명세표를 1년간 보관함
- 입고 확인된 물품의 거래명세표가 분실 또는 훼손되어 재발행을 요하는 경우에는 거래명세표 재발행 의뢰서를 작성, 관련부서의 확인을 받아 재발행 함

5.3 조달 자재관리

□ 조달 원·부자재의 효율적 관리로 생산계획 일정별 적기공급, 조달시기 관리(예측, 발주), 생산수율 향상을 지원함

IV. 핵심직무 실무능력개발

[조달 자재관리 업무 SYSTEM]

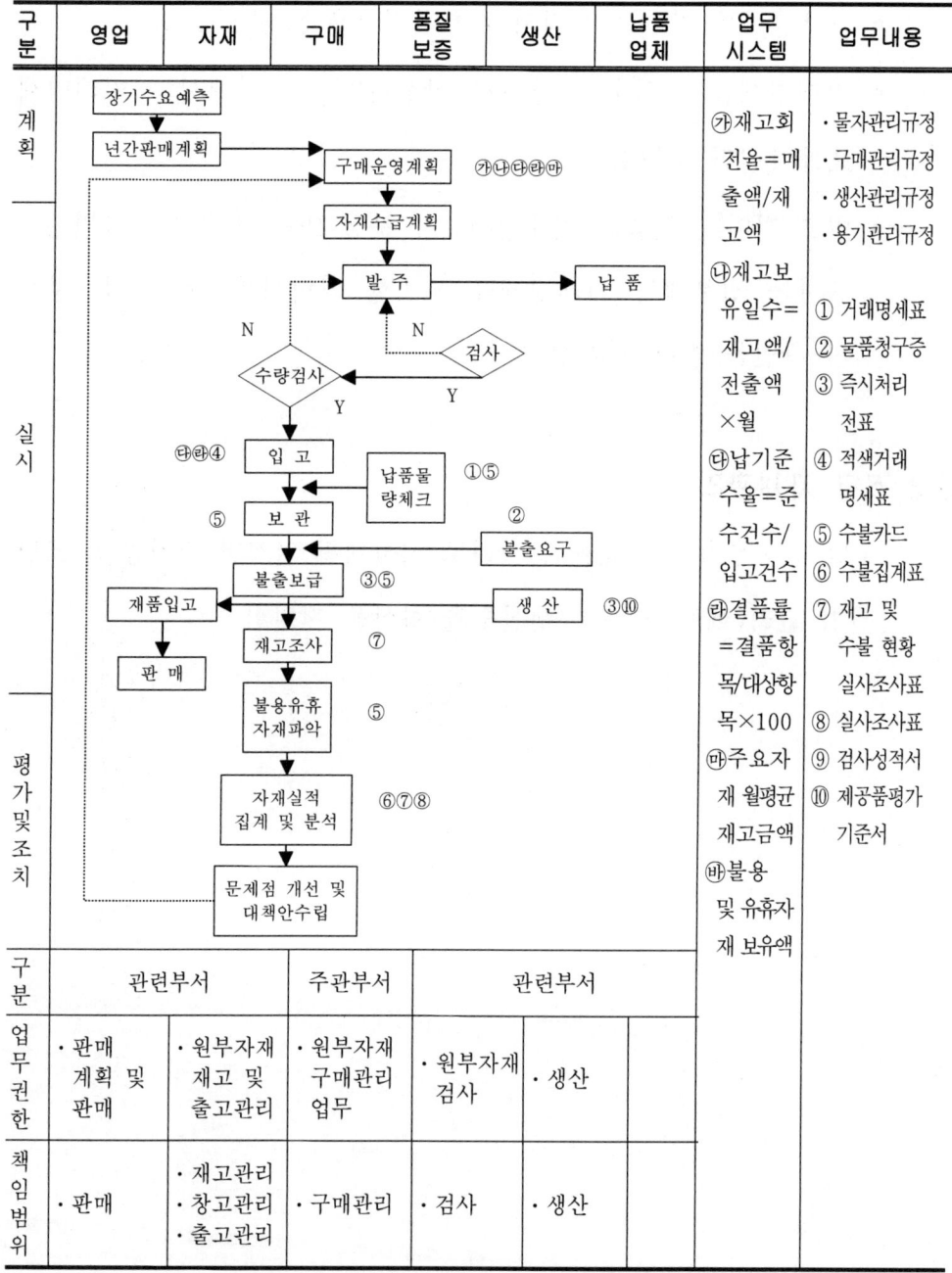

[부서별 협력관리]

구분	자재관리 역할(지원)
구매부서	• 구매계획 수립 및 적정재고량 관리 • 자재품질 요구도 및 조달일정 관리 • 조달자재 결제지원
자재관리 부서	• 조달자재 입고검수 관리 • 자재재고 관리 및 불용자재 처리 • 자재불출 및 보관품질 관리
품질관리 부서	• 조달자재 및 부품품질 검사 • 외주제작 및 생산제품 품질검사 • 조달자재 및 외주제작과 생산제품 불량판정 • 자재조달처 및 외주협력 불량업체 평가

[조달자재 클레임 처리]

구분	불량내용	불량처리방법
유상사급	소재불량	• 외주가공 전 발견 가공업체 　- 소재반납(반납거래명세표: 소재비) 　- 가공업체에 판매취소처리 　- 소재에 입고취소처리(구입부분품 적색발행: 소재비) • 외주가공 후 발견 가공업체 　- 구입부분품 입고처리(거래명세표: 소재비+가공비) 　- 소재 변상조치(구입부분품 적색발행: 소재비+가공비) 　- 가공전 구입부문품 입고와 불출취소(소재비)
	가공불량	불량처리
무상사급	소재불량	• 외주가공 전 발견 가공업체 　- 소재반납(반납거래명세표: 소재비) 　- 가공업체에 판매취소처리 　- 소재에 입고취소처리(구입부분품 적색발행: 소재비) • 외주가공 후 발견 가공업체 　- 구입부분품 입고처리(거래명세표: 소재비+가공비) 　- 소재 MAKER에 입고취소(소재비+가공비) 　- 구입부분품 불출취소(소재비+가공비)
	가공불량	• 완전가공불량 　- 가공업체 불량처리-외주가공비 적색발행 　- 소재비는 판매처리-사급대장 입고처리 • 수정가능 가공불량 가공업체 　- 수정 후 입고처리 　- 가공업체에 적색발행(외주가공비)-사급대장 입고취소

Ⅳ. 핵심직무 실무능력개발

[불용 원·부자재 관리체계]

구분	생산	자재	자재관리	생산관리	업무 시스템	업무내용
발생		불용자재 발생 →	불용자재회수 →			・생산공정 불용자재 회수업무
심의			불용자재 재고 현황조사 ↓ 불용자재 처리 심의			・불용 및 손망실 자재처리 업무
조치			입고 ← 가용자재	가용자재 ↓ 입고		・불용제품 제공품 및 장기저장품 관리업무

구분	관련부서	주관부서	관련부서		
업무권한	・불용자재 회수 및 창고관리	・재고현황 조사 ・처리심의 (관련부서)	・처리심의 및 개선안 수립		
책임범위	・회수 및 창고관리	・현황파악 및 처리	・처리심의		

80

6. 학습내용 평가

□ 구매계획 관리 직무

문1. 구매계획 수립에 필요한 정보가 아닌 내용은 무엇입니까?
　　① 구매 품목의 종류와 기능　　② 구매가격의 타당성
　　③ 가격변화 동향과 영향요인　　④ 구매 대체품 개발 및 발견
　　⑤ 구매업체의 사회적 책임활동

문2. 구매시장 조사정보 활용방법으로 적절하지 않는 내용은 무엇입니까?
　　① 거래처별 결재방법 선정　　② 구매정책·방침·계획관리
　　③ 구매시장 및 거래처정보 분석　　④ 구매 품목·시장·방법 선정
　　⑤ 구매 시기·가격·공급능력 분석

문3. 구매정보관리 체계가 적절하게 구성된 내용은 무엇입니까?
　　① 정보수집과 분류>수집정보 보고>정보 분석과 평가>정보리스트와 목록관리
　　② 정보수집과 분류>정보리스트와 목록관리>정보 분석과 평가>수집정보 보고
　　③ 정보수집과 분류>정보 분석과 평가>수집정보 보고>정보리스트와 목록관리
　　④ 수집정보 보고>정보리스트와 목록관리>정보 분석과 평가>정보수집과 분류
　　⑤ 정보리스트와 목록관리>정보수집과 분류>수집정보 보고>정보 분석과 평가

문4. 일반적인 구매방법으로 적절하지 않는 내용은 무엇입니까?
　　① 상시구매 관리　　② 공개입찰 계약구매
　　③ 주문생산품 계약구매　　④ 상용품 계약구매
　　⑤ 반제품 외주생산 계약구매

문5. 기계장치와 생산설비 구매역할이 아닌 내용은 무엇입니까?
　　① 구매품목 명세서와 규격서 품의　　② 사용용도와 계약방법 선정
　　③ 구매역할의 전담관리　　④ 구매수량과 가격협의
　　⑤ 구매일정과 입고(납품)장소 선정

Ⅳ. 핵심직무 실무능력개발

문6. 구매견적 업무(요청내용) 역할이 아닌 것은 무엇입니까?

① 제품사양과 규격의 결정 ② 제품별 생산원가와 단가

③ 제품생산성과 생산능력 ④ 견적서 작성일과 유효기간

⑤ 생산품 보관과 보존기간

문7. 구매계획서 구성내용에 해당되지 않는 것은 무엇입니까?

① 구매품목 ② 구매수량과 시기

③ 구매품질과 가격 ④ 물류방법

⑤ 구매방법

□ 구매명세서 관리 직무

문8. 구매명세서 구성내용이 아닌 것은 무엇입니까?

① 제품 및 부품구격 ② 제품품질과 검사규격

③ 생산방법과 생산공정 ④ 제품LOT 포기와 포장방법

⑤ 물류경로와 보관·저장방법

문9. 외주가공품 명세서 구성내용으로 적절하지 않는 것은 무엇입니까?

① 제품사양서 ② 가공사양서

③ 품질사양서 ④ 외주가공품 판매방법

⑤ 제품검사 기준과 방법

문10. 외주가공품 명세서 작성 및 생산품 조달과정의 부서협력이 적절하지 않는 것은 무엇입니까?

① 제품사양서 생산기술부서 협력

② 가공사양서는 생산관리부서 협력

③ 조달가격 결정은 영업부서 협력

④ 품질기준서와 검사는 품질관리부서 협력

⑤ 외주가공품 결제는 경리부서 협력

문11. 외주가공품 및 구매계약 조달품의 납기준수율 관리내용이 적절하지 않는 것은 무엇입니까?

① 상시 구매제품은 발주량의 95% 이상 수준을 관리함
② 공개입찰 계약구매 제품은 100% 납기준수율을 관리함
③ 구매품의 입고검사는 발주량의 5%를 랜덤하게 추출하여 검사
④ 입고 검사량의 15% 이상 불량발생시 전량 불량처리
⑤ 전량 불량처리 제품은 반품 후 폐기처리

□ 외주협력업체 개발 직무

문12. 외주협력업체 선정 및 관리역할이 아닌 내용은 무엇입니까?

① 외주생산 제품사양관리　　② 생산공정과 품질관리 시스템 점검
③ 생산원가 분석과 표준단가 결정　　④ 생산방법 및 생산인력 통제
⑤ 생산기술 지원과 교육

문13. 일반적으로 외주협력업체 선정을 위한 평가항목이 아닌 내용은 무엇입니까?

① 경영 및 재무구조　　② 생산·가공설비 능력
③ 품질관리 방법과 능력　　④ 개발능력과 의지
⑤ 생산직 경력과 학력

문14. 외주업체 협력도 평가내용으로 적절하지 않는 것은 무엇입니까?

① 생산기술 교육지원 참여율　　② 품질개선 협조수준
③ 외주품 생산직원 만족도　　④ 기술인력 육성수준
⑤ 생산기술보안 협조성

문15. 외주업체 지원내용으로 적절하지 않는 것은 무엇입니까?

① 자금(경영·설비·개발)지원　　② 설비(검사·계측기)지원
③ 교육(경영·생산·품질)지원　　④ 인력(생산·검사·교육)지원
⑤ 기술(도면·개발·방법)지원

Ⅳ. 핵심직무 실무능력개발

□ 조달품 입고관리 직무

문16. 조달품에 적용하는 검사항목이 아닌 것은 무엇입니까?

　　　① 구매품(설비·원부자재) 검사　　② 외주 시작품 검사
　　　③ 외주 초기양산품 검사　　　　　④ 외주 양산제품 검사
　　　⑤ 외주생산 도면 검사

문17. 조달품에 대한 검사역할이 적절하지 않는 내용은 무엇입니까?

　　　① 거래명세표와 기타 첨부서류 확인
　　　② 시험성적서 첨부 시 검사면제
　　　③ 구매사양과 물품명세서 확인
　　　④ 검사기준서와 검사규격 확인
　　　⑤ 검사실행과 검사결과(합격·불합격·기록) 조치

문18. 조달품의 검사과정이 적절하지 않는 내용은 무엇입니까?

　　　① 검사설비 및 계측기 준비와 정밀도 확인
　　　② 검사시료의 랜덤 채취
　　　③ 검사규정과 기준에 의한 시료 측정
　　　④ 납품자 첨부 시험성적서로 결과판정
　　　⑤ 검사성적 결과서 보관관리

문19. 조달 자재관리 역할이 아닌 내용은 무엇입니까?

　　　① 재고회전율 관리　　　　② 재고보유일수 관리
　　　③ 납기준수율 관리　　　　④ 자재 결품율 관리
　　　⑤ 입고검사 불량률 관리

Ⅴ. 조직행동과 직무적성관리

1. 조직행동관리

1.1 직무적응력 관리

□ 직무적응력은 조직의 업무역할에 순응하면서 조직 또는 담당직무가 추구하는 목표실행과 성과달성에 기여하는 수준임

- 사회조직에 편재된 모든 직무는 요구되는 목표와 기대하는 성과수준이 있으며 조직원은 이를 실현하는데 요구되는 최적의 역할을 수행함
- 직무적응력은 직무별로 추구되는 목표와 성과실행 방법에 따라 차이가 있으므로 직무분야별로 적응력이 관리됨

가. 직무적응력 개발

□ 구매 요구품목 사양(종류, 품질, 기능)별 조달계획 수립
□ 조달품목별 시장정보와 거래선, 조달원가 분석
□ 조달방법별 검수(수량, 품질, 성능, 기능, 형상)기준관리
□ 조달품 물류·재고·조달실적관리

나. 직무적응력 향상과제

□ 업무이해력과 판단력으로 구매요구 품목 특성파악과 조달물품 정

V. 조직행동과 직무적성관리

보분석 및 평가역량 개발

☐ 신중성과 탐색력으로 구매거래선 개발과 물류 및 재고관리 시스템 구축

☐ 사교성과 활동력으로 조달품 견적관리와 구매방법 설정, 조달물류 관리시스템 구축

☐ 분석력과 추진력으로 조달 원가관리 및 구매실적 분석 프로세스 구축

다. 계층별 직무적응력

☐ 리더자 계층
- 구매정책과 구매계획관리, 원·부자재 수급계획 및 재고관리 방법설정, 구매설비 및 장비 기능분석과 능력평가, 조달물자관리 및 생산제공품 외주개발 지식의 전문화 관리

구분	직무적응력
담당역할	• 구매방침과 원부자재 조달계획관리, 조달원가관리
업무행동	• 기획력, 분석력, 판단력, 추진력, 수리능력, 규율성을 습득
직무적응력	• 계약관계법과 계약규정관리, 설비능력평가, 조달원가 분석, 물류시스템 운영을 위한 규범성, 판단력, 신중성이 필요함

☐ 중간관리 계층
- 조달품목 사양설정과 규격 및 품질 검수관리, 구매업무 규정과 구매명세서 관리, 관세통관 업무, 거래선 신용과 고객 신뢰도

평가, 조달물류 및 재고관리능력 개발

구분	직무적응력
담당역할	• 구매물품 사양, 기계·장비특성, 선적·통관·물류관리
업무행동	• 이해력, 판단력, 설득력, 추진력, 성실성, 책임감 습득
직무적응력	• 조달품 견적 및 구매계약관리와 물류 및 재고관리를 위한 정보력, 판단력, 분석력, 리더십과 추진력이 필요함

□ 실무자 계층(신입사원)

- 구매의뢰서 관리, 물가정보 및 시장동향(수량, 가격, 품질) 조사, 구매실적관리, 구매물품 검수관리 능력을 개발

구분	직무적응력
업무행동	• 탐색력, 분석력, 설득력, 추진력, 신중성, 협상력 습득
직무적응력	• 조달물류 및 적정재고관리, 외환정보관리, 구매실적 관리를 위한 수리능력, 규범성, 협동성, 책임감이 필요함

V. 조직행동과 직무적성관리

라. 핵심직무 적응력 관리

구분	적응력 관리
기업환경 분석	• 경영목표와 경영계획 분석 • 생산 및 영업방침과 시설투자계획 분석 • 구매시장 환경 및 거래선 분석
조직역량 분석	• 통합구매조직과 계열별(품목, 용도) 구매조직 특성 분석 • 구매사양(품목, 규격, 품질, 수량) 표준화관리 수준 분석 • 구매원가 및 물류·재고관리시스템 분석
사업가치 관리	• 구매품 규격·품질·수량·납기·원가 적정성 관리 • 구매품 사양개발과 거래선 발굴 및 확장 • 구매관리 시스템화와 구매실적 분석·평가
사업성과 관리	• 논리적 사고와 체계적인 업무추진력 • 거래선 물동량 관리와 대체품 개발 • 구매 명세서 표준화와 적정 재고량 관리

1.2 업무동기관리

□ 업무동기는 조직에서 요구되는 직업의식과 개인별로 추구하는 성과목표의 조화와 부조화 수준에 따라 활성화 수준이 결정되어 업무성과에 영향을 미침

● 개인별로 할당된 직무를 활성화시키는 역할의 패턴으로서 의욕, 태도, 가치관, 목표성, 추진가치가 내포되어 역할을 견인시킴

V. 조직행동과 직무적성관리

□ 구매관리 분야 업무동기

직업의식

- ○ 윤리강령 및 업무규정의 준수
- ○ 계획적 관리와 신속한 문제해결
- ○ 조직협력관리와 시너지 효과 향상

목적지향성

- ○ 정보 모니터링
- ○ 비즈니스 마인드
- ○ 시스템 체계화

Ⅴ. 조직행동과 직무적성관리

[직업의식 관리]

구분	관리내용	역할패턴
직업의식	직업윤리의식	• 기업의 윤리강령과 규칙을 명확히 이해하고 자신에게 주어진 업무에 기업에서 요구하는 윤리적 판단기준을 엄격하게 적용하여 스스로 의사결정을 하고 문제를 해결함 • 같이 일하는 동료의 역할을 존중하며 일의 우선순위와 중요도에 따라 무사 공평하게 처리함
	역량 전문화	• 맡은 업무에 대해 스스로 완결하려는 의지와 책임감을 느끼고 큰 무리 없이 스스로 일을 마무리함 • 자기분야에서 전문가로서 활동하기 위해 스스로 학습기회를 찾아서 발전시킴
	비즈니스 마인드	• 역동적으로 변하는 환경과 조직 전략간의 연계성을 고려하여 자신의 업무성과에 영향을 미치는 환경변수와 성과지표가 무엇인지를 스스로 파악하여 관리함 • 부서 또는 기업이 직면한 사업관련 이슈를 이해하고 그것이 자신의 업무 및 역할에 어떤 영향을 미치는지 인식함
	정보 수집과 분석	• 인적물적 네트워크를 통해 유통되는 정보나 지식이 무엇인지 탐색하고 정보를 정밀하게 분석하는 방법과 추세를 학습함 • 자신의 업무와 관련된 정보에 대해 자신만의 소스를 개발하며 수집된 정보를 회사의 기준과 업무과정 중 학습한 자신만의 노하우를 통해 체계적으로 정리함

[목적지향성 관리]

구분	관리내용	역할패턴
목적지향성	성과 지향성	• 과업목표와 조직성과 달성을 위한 확고한 신념을 가지고 기업의 미래비전 실현을 위한 실행능력과 책임감을 보유하고 있어야 함 • 조직에 강한 지속력을 가지고 조직발전을 도모하면서 조직성과 관리에 요구되는 신념, 가치관, 업무태도를 활성화시킴
	가치 지향성	• 자기 성장성을 관리하여 사회적인 기대가치 실현과 조직역할의 전문화 추진, 조직과의 연대감을 향상시킴 • 조직 중심적인 가치관과 창의적이고 혁신적인 도전의식으로 조직신뢰감을 향상시키면서 담당역할에 충실함
	능력 지향성	• 기업 목표증진과 자기 삶의 미래가치 실현을 위한 능력개발 의욕을 높게 형성하고 지속적으로 자기역량 관리를 실행하는 패턴이 조성되어야 함 • 조직역할을 통한 사회적 이미지 형성과 창의성 개발에 적극적이며 새로운 조직환경에 적극적으로 대응하거나 순응할 수 있어야 함

[업무 행동관리]

구분	관리내용	역할패턴
업무행동	업무 추진력	• 사전에 정해진 일정계획과 우선순위에 따라 자신에게 할당된 업무를 수행하면서 여러 업무과제 간의 우선순위를 판단하여 효과적이고 구체적인 방법으로 업무를 수행함 • 업무추진 중 돌발 상황이 발생할 경우 장애요인에 대한 대비책을 마련하여 기존의 관계와 계획에 따라 적절히 대응하면서 문제를 해결함
	업무 혁신성	• 일상적인 업무수행 과정에서 개선할 수 있는 부분을 찾거나 과거경험을 통해 새롭고 유용한 아이디어를 탐색 및 발견함 • 업무의 부가가치를 높이기 위해 기존의 방식을 개선하며 새로운 방식에 어느 정도의 위험이 따르더라도 좀 더 효과적인 절차나 방법과 기술을 모색함
	업무 리더십	• 전사적 관점에서 업무진행 상황을 점검하고 목표대비 달성정도를 철저하게 관리하여 기대성과를 창출하고 기업경영에 미치는 중요한 사안에 대해 소신있게 의사결정을 하며 업무난이도에 따라 업무역할을 우선순위를 관리함 • 중장기적인 조직운영 및 목표달성에 필요한 인적물적 자원을 계획하고 가용 자원을 전사적 차원에서 파악하여 미리 준비하며 조직간 시너지 효과를 고려한 자원 활용방안을 수립함

V. 조직행동과 직무적성관리

2. 직무적성관리

□ 직무적성은 담당직무수행에 특화된 선천적인 업무자질과 습관화된 업무패턴인 업무순응과 새로운 업무 적응능력에 대한 통칭적인 개념임
- 직무적성의 영향력인 선천적인 업무자질은 신체적인 특징 및 본능적인 정서와 인지력에 의해 형성되어 사물에 대한 지각과 행동방향성을 결정함
- 습관화된 업무태도는 사회적 학습과정에서 형성되는 가치관과 업무태도(순응력, 수용력)로 나타남
- 따라서 선천적인 업무자질에 순응하면서 습관화된 업무패턴으로 형성되는 가치관과 업무태도를 개발하여 관련분야 직무적성을 활성화 시킬 수 있음

□ 직무적성 관리(학습)항목
- 경영전략 탐색과 사업계획분석 Skill
- 예산관리와 조달원가분석 Skill
- 커뮤니케이션과 리더십 Skill
- 구매제품 기획과 물류시스템 관리 Skill
- 물가정보 조사·분석 Skill
- 구매통계(품목, 수량, 품질, 가격, 시기, 거래선)분석 Skill

□ 직무적성 개발
- 탐색적 사고와 논리적인 분석력으로 체계적이고 표준화된 역할

을 수행하는 전문역량 개발
- 윤리강령과 업무규칙을 준수하면서 적극적인 리더십과 책임감으로 목표관리 역량을 개발
- 성과 지향적인 마인드와 팀워크로 목표과제 추진력과 통제·조정 역량을 개발
- 시장환경과 물가정보 조사·분석 및 분류·데이터 구축 능력과 신규 거래선 발굴 역량개발

V. 조직행동과 직무적성관리

3. 학습내용 평가

문1. 직무적응력이 가장 적절하게 표현된 내용은 무엇입니까?

① 업무역할의 순응력과 목표실행력   ② 업무규정과 제도 이해력
③ 편재직무 성과실행력   ④ 업무경험능력
⑤ 업무학습능력

문2. 조직의 리더자 계층에 필요한 직무적응력이 아닌 내용은 무엇입니까?

① 계약관계법 및 계약규정 관리   ② 설비능력 평가
③ 업무방법관리   ④ 조달원가분석
⑤ 물류시스템관리

문3. 조직의 중간관리자 계층에 필요한 업무행동이 아닌 내용은 무엇입니까?

① 책임감   ② 판단력   ③ 추진력   ④ 설득력   ⑤ 성취력

문4. 조직의 실무자 계층에 필요한 직무능력이 아닌 내용은 무엇입니까?

① 물류 및 적정재고관리   ② 외환정보관리
③ 물가정보 조사·분석   ④ 산업정책 분석·평가
⑤ 조달물품 검수관리

문5. 일반적인 관점에서 조직의 핵심직무 적응력 관리 내용이 아닌 것은 무엇입니까?

① 기업환경분석   ② 조직원 학습태도 분석
③ 조직역량분석   ④ 사업가치관리
⑤ 사업성과관리

문6. 일반적인 관점에서 조직의 직업의식에 해당되지 않는 내용은 무엇입니까?

① 직업윤리 의식   ② 업무성과 보상
③ 역량전문화   ④ 비즈니스 마인드
⑤ 정보수집과 분석

Ⅴ. 조직행동과 직무적성관리

문7. 일반적인 관점에서 조직목표 지향성에 해당되지 않는 내용은 무엇입니까?

① 성과지향성　　② 가치지향성　　③ 능력지향성

④ 성장지향성　　⑤ 만족지향성

문8. 일반적인 관점에서 기업을 지속적으로 성장시키는데 필요한 업무행동관리 내용이 아닌 것은 무엇입니까?

① 업무추진력　　② 업무혁신성　　③ 업무리더십

④ 업무만족도　　⑤ 업무책임감

문9. 일반적인 관점에서 직무적성의 특성을 잘못 설명한 내용은 무엇입니까?

① 선천적인 업무자질　　② 본능적인 지각능력

③ 습관화된 업무태도와 자세　　④ 논리적인 직무지식

⑤ 사회적 학습내용의 순응·순발력

VI. 학습내용 평가

1. 학습내용 평가관리

□ 직무분야별 학습내용에 대한 이해력 수준과 실무면접 대응능력을 평가하여 교육수료 수준의 결정과 추가학습 방향을 안내함

□ 교육평가 과제
- 핵심업무 내용 이해도
- 조직(팀) 고유직무와 업무목표
- 직무수행방법 업무성과
- 핵심업무 수행에 필요한 전문지식과 실행능력
- 업무시스템별 조직(팀)역할과 업무범위
- 업무 우선순위와 협의 조정역할
- 핵심업무 책임과 권한

□ 교육내용 평가방법
- 교육내용 온라인 평가관리
  - 다지선다형 및 단답형 문제평가
- 논술형 평가는 이메일 평가방법 운용(신청자에 한함)
  - 답안지 평가 후 첨삭지도
  - 본서 구성 단원별로 출제된 문제은행에서 중간평가 20문제, 최종평가 20문제로 평가함

VI. 학습내용 평가

□ 교재분야별 시험문제 출제
- 제1장 산업환경 변화와 기업인재상
- 제2장 조직기능과 편재직무
- 제3장 직무수행능력 관리
- 제4장 핵심직무 실무능력개발
- 제5장 조직행동과 직무적성 관리

2. 평가결과 활용

□ 평가결과를 참조하여 직무능력개발 상담 및 재교육 이수지원
□ 목표능력 점수 60% 이상 수준 평가자 직무분야별 직무교육 수료증 발행

VI. 학습내용 평가

3. 학습내용 평가 정답

Ⅰ장. 학습내용 평가 정답(p22)
문1 ③   문2 ③   문3 ④   문4 ②   문5 ①   문6 ④   문7 ⑤

Ⅱ장. 학습내용 평가 정답(p30~31)
문1 ③   문2 ②   문3 ②   문4 ④   문5 ②   문6 ⑤   문7 ④
문8 ①   문9 ③

Ⅲ장. 학습내용 평가 정답(p42~44)
문1 ⑤   문2 ②   문3 ④   문4 ②   문5 ①   문6 ⑤   문7 ①
문8 ④   문9 ③   문10 ②   문11 ⑤   문12 ①   문13 ③   문14 ①

Ⅳ장. 학습내용 평가 정답(p81~84)
문1 ⑤   문2 ①   문3 ③   문4 ④   문5 ③   문6 ⑤   문7 ④
문8 ③   문9 ④   문10 ③   문11 ⑤   문12 ④   문13 ⑤
문14 ③   문15 ④   문16 ⑤   문17 ②   문18 ④   문19 ⑤

Ⅴ장. 학습내용 평가 정답(p94~95)
문1 ①   문2 ③   문3 ⑤   문4 ④   문5 ②   문6 ②   문7 ④
문8 ④   문9 ④

저자 편창규

◉ 학력
광운대학교 대학원 경영학 박사(1999)
동아대학교 경영대학원 경영학 석사(1989)
한국방송통신대학 경영학(1985)
부산공업대학 금속공학(현 부경대)(1982)
영산농업고등학교 임업과(1974)

◉ 경력
효산지식인력개발원 원장(2009~현재)
효산경영연구소(주) 책임연구원(1993~현재)
한국생산성본부 외래교수(1999~2005)
경복대학교 경영과 겸임교수(1994.3~2002.2)
ACC컨설팅 경영진단팀 팀장(1991~1992)
동양금속공업(주) 기획조정실 실장(1988~1991)
신화공업(주)생산기술부(1984~1988)
포스코 제강부(1982~1983)

◉ 저서/공저
기업과 나 그리고 기업문화(1992)
직무분석 어떻게 할 것인가?(1993)
직무분석연구&신인사제도 설계(1997)
소비자행동 동기이론(2004)
소비자 인지행동(2009)
The Job 오케스트라(2012)
기업직무 파헤치기(2013)
금융지원 직무 취업&직무능력개발 어떻게 할 것인가(2016)
은행&증권 직무 취업&직무능력개발 어떻게 할 것인가(2016)
보험 직무 취업&직무능력개발 어떻게 할 것인가(2016)
경영관리 직무 취업&직무능력개발 어떻게 할 것인가(2016)
경영지원 직무 취업&직무능력개발 어떻게 할 것인가(2016)
영업관리 직무 취업&직무능력개발 어떻게 할 것인가(2016)
생산기술 직무 취업&직무능력개발 어떻게 할 것인가(2017)
경영기획 조직 실무능력개발 매뉴얼(2018)
경영관리 조직 실무능력개발 매뉴얼(2018)
인사관리 조직 실무능력개발 매뉴얼(2018)
영업관리 조직 실무능력개발 매뉴얼(2018)

마케팅전략관리 조직 실무능력개발 매뉴얼(2018)
회계관리 조직 실무능력개발 매뉴얼(2018)
재무관리 조직 실무능력개발 매뉴얼(2018)
총무관리 조직 실무능력개발 매뉴얼(2018)
고객관리 조직 실무능력개발 매뉴얼(2018)
구매관리 조직 실무능력개발 매뉴얼(2018)
생산관리 조직 실무능력개발 매뉴얼(2018)
생산기술 조직 실무능력개발 매뉴얼(2018)
품질관리 조직 실무능력개발 매뉴얼(2018)

◘ 직무분석, 조직설계, 인사제도설계, 경영평가 연구 주요 수행실적

TRW스티어링: 조직 직능개발과 기능 활성화를 위한 직무분석(1993)
공무원연금공단: 직무분석 및 중장기 경영계획수립 연구용역(2003)
국군재정관리단: 국방성과관리 연구용역(2013)
국민건강보험일산병원: 일산병원 연봉임금제 도입 관련 평가시스템개발 연구용역(2000)
국민연금공단: 인적자원관리 인프라 구축 연구용역(2001)
금호생명: 경력개발제도 연구용역(2006)
금호생명: 회사 적정조직 및 적정 인력규모 산정 연구(2009)
기아정기: 신조직 설계를 위한 직무분석(1993)
대전광역시동구청: 총액인건비제 도입과 조직개편을 위한 조직진단 및 연구용역(2007)
대전광역시중구청: 총액인건비제 시행을 위한 조직진단 용역(2007)
동부화재해상보험: 신조직 및 인사제도 설계를 위한 직무분석(1997)
동아시테크: 직능평가제도 설계를 위한 직무분석(1996)
동양폴리에스터㈜: 직무체계확립과 과업표준화를 위한 직무분석(1996)
미도파푸트시스템: 직능평가제도 및 연봉임금제도 설계를 위한 직무분석(1996)
부산항만공사: 직무분석 및 제도개선등 용역(2005)
부산항만공사: 팀KPI 운영메뉴얼 및 운영방안 개 발연구용역(2005)
서울특별시시설관리공단: 공단 업무재설계(B.P.R)자문 및 실시용역(2001)
순천대학교: 전기전자공학부 교과과정 개선 직무분석 연구용역(2016)
쌍용자동차: 정원산정을 위한 직무분석(1994)
우정사업본부: 우정사업 조직몰입도 수준조사 및 향상 프로그램개발 연구용역(2006)
우정사업본부: 우정사업 중장기 인재육성 방안 연구용역(2005)
울산항만공사: 2011년 울산항만공사 경영실적 평가 자문용역(2012)
울산항만공사: 2012년 울산항만공사 경영실적 평가 자문용역(2012)
울산항만공사: 비전, 경영전략체계, 조직 및 인사시스템 선진화 연구용역(2011)
인천국제공항공사: 조직관리 기본지표 개발을 위한 직무분석 용역(2005)
㈜도루코: 성과평가제도 설계를 위한 직무분석(2003)

㈜도루코: 조직 및 정원산정을 위한 직무분석(2000)
㈜삼흥사: 목표관리과제(MBO)설계를 위한 직무분석 연구(2002)
충남천안시: 전직원 적성검사 용역(2007)
태백관광개발공사: 조직진단 연구용역(2006)
한국가스안전공사: 2000년 직무분석. 고객만족도. 사업심사분석 용역(2000)
한국남부발전㈜: 임금피크제 직원 효율적 운영을 위한 발전방향 컨설팅용역(2017)
한국도로공사: 직무역량 평가체계 개발 및 활용에 관한 연구용역(1999)
한국마사회: 제주경마공원 관리사 직무분석(2002)
한국방송공사: KBS의 합리적 인원관리를 위한 직무분석(1992)
한국산업인력공단: 『직무분석』 연구용역(2003)
한국수자원공사: Kwater 총보상체계 합리화 방안 연구용역(2011)
한국수자원공사 수자원연구원: 수자원연구원 중장기 발전방안 연구용역(2007)
한국승강기안전기술원: 신인사제도 컨설팅(2011)
한국유리공업㈜: 업무혁신 및 조직재설계를 위한 직무분석(2000)
한국저작권위원회: 저작권 정보관리 및 서비스사업 평가(2016)
한국전력공사전력연구원: 전력연구원 비전성과지표 개발 및 시범평가(2005)
한국컨테이너부두공단: 성과중심의 연봉제 도입용역(2006)
한국프랜지공업: 신조직설계와 정원산정, 신인사 제도설계를 위한 직무분석(1995)
한국환경자원공사: 직무분석을 통한 조직재설계 방안 연구 및 직원만족도 조사(2005)
효성생활산업: 능력급 인사제도를 위한 직능자격제도 및 직무값 설계(1996)

◼ 기타 연구과제 수행실적
경기도고양시: 홍보매체 효과성 분석 및 맞춤형 홍보용역(2016)
경기도광명시: 「광명비전2025」 광명시 장기발전계획수립 학술연구 용역(2007)
경기도여주군: 여주군 지역사회복지욕구 및 자원조사 연구용역(2006)
경기도이천시: 제2기 이천시 지역사회복지계획수립을 위한 학술연구 용역(2010)
당진시청: 농촌중심지활성화사업 예비계획서 작성용역(2014)
대전광역시중구청: 장수마을관리원에 대한 발전방안 용역(2006)
서광전기㈜: 기업성장전략개발을 위한 경영분석(1992)
서울산업진흥원: DMC 교통접근성 개선을 위한 교통실태 분석(2017)
성암그룹: 광주직할시 서구사업지 신사업 투자개발 연구(1992)
우정복지협력회: 정보통신수련원의 효율적인 관리 및 운영혁신방안 연구(2006)
우정사업본부: 위탁창구망 중장기 육성방안 연구용역(2006)
우정사업본부: 창구소포 활성화 추진방안 마련 연구용역(2016)
인천국제공항공사: 사회공헌 프로그램 성과측정 용역(2014)
전라남도화순군: 화순군 지역사회복지계획수립 학술용역(2006)
충남계룡시: 계룡시 대중교통 기본계획수립 및 교통약자 이동편의증진 용역(2008)

저자프로필

한국기상산업진흥원: 항공기상청 13~15년(3년)사업운영계획수립 용역(2013)
한국산업인력공단: 『시험의 면제기준 축소방안』 연구용역(2003)
한국저작권위원회: 2015년 저작권 비즈니스 활성화 지원사업 평가용역(2015)
한국저작권위원회: 2015년 저작권 기술 및 표준화사업 모니터링 및 성과평가 용역(2015)
한국저작권위원회: 2016년 저작권 비즈니스 활성화 지원사업 평가(2016)
한국저작권위원회: 국가디지털콘텐츠 식별체계(UCI) 사업평가 및 만족도 조사(2015)
한국전력기술㈜: 중장기 경영전략 Rolling 용역(2010)
한국전자통신연구원: 광기반 공정혁신 플랫폼의 산업체 지원 수요조사, 수요자 만족도 및 생산성 향상분석(2014)
한국정보화진흥원: 2010/2011년 정보화정책 연구성과 분석(2011)
한국환경공단: 한국환경공단 직급조정관련 직원 경력 확인 및 환산용역(2010)

저자 편제호
◼ 학력
성균관대학교 대학원 박사과정 수료 교육학 전공(2017)
한국외국어대학교 교육대학원 교육경영학 석사(2015)
한림대학교 법학(2010)

◼ 경력
효산경영연구소(주) 전문연구원(2010~현재)
효산지식인력개발원 교육실장(2012~현재)

◼ 저서/공저
기업직무 파헤치기(2013)
금융지원 직무 취업&직무능력개발 어떻게 할 것인가(2016)
은행&증권 직무 취업&직무능력개발 어떻게 할 것인가(2016)
보험 직무 취업&직무능력개발 어떻게 할 것인가(2016)
경영관리 직무 취업&직무능력개발 어떻게 할 것인가(2016)
경영지원 직무 취업&직무능력개발 어떻게 할 것인가(2016)
영업관리 직무 취업&직무능력개발 어떻게 할 것인가(2016)
생산기술 직무 취업&직무능력개발 어떻게 할 것인가(2017)
경영기획 조직 실무능력개발 매뉴얼(2018)
경영관리 조직 실무능력개발 매뉴얼(2018)
인사관리 조직 실무능력개발 매뉴얼(2018)
영업관리 조직 실무능력개발 매뉴얼(2018)
마케팅전략관리 조직 실무능력개발 매뉴얼(2018)
회계관리 조직 실무능력개발 매뉴얼(2018)

재무관리 조직 실무능력개발 매뉴얼(2018)
총무관리 조직 실무능력개발 매뉴얼(2018)
고객관리 조직 실무능력개발 매뉴얼(2018)
구매관리 조직 실무능력개발 매뉴얼(2018)

◘ 직무분석, 조직설계, 인사제도설계, 경영평가 연구 주요 수행실적

국군재정관리단: 국방성과관리 연구용역(2013)
순천대학교: 전기전자공학부 교과과정 개선 직무분석 연구용역(2016)
울산항만공사: 2011년 울산항만공사 경영실적 평가 자문용역(2012)
울산항만공사: 2012년 울산항만공사 경영실적 평가 자문용역(2012)
울산항만공사: 비전, 경영전략체계, 조직 및 인사시스템 선진화 연구용역(2011)
한국남부발전㈜: 임금피크제 직원 효율적 운영을 위한 발전방향 컨설팅용역(2017)
한국수자원공사: Kwater 총보상체계 합리화 방안 연구용역(2011)
한국승강기안전기술원: 신인사제도 컨설팅(2011)
한국저작권위원회: 저작권 정보관리 및 서비스사업 평가(2016)

◘ 기타 연구과제 수행실적

경기도고양시: 홍보매체 효과성 분석 및 맞춤형 홍보용역(2016)
경기도이천시: 제2기 이천시 지역사회복지계획수립을 위한 학술연구 용역(2010)
당진시청: 농촌중심지활성화사업 예비계획서 작성용역(2014)
서울산업진흥원: DMC 교통접근성 개선을 위한 교통실태 분석(2017)
우정사업본부: 창구소포 활성화 추진방안 마련 연구용역(2016)
인천국제공항공사: 사회공헌 프로그램 성과측정 용역(2014)
한국기상산업진흥원: 항공기상청 13~15년(3년)사업운영계획수립 용역(2013)
한국저작권위원회: 2015년 저작권 비즈니스 활성화 지원사업 평가용역(2015)
한국저작권위원회: 2015년 저작권 기술 및 표준화사업 모니터링 및 성과평가 용역(2015)
한국저작권위원회: 2016년 저작권 비즈니스 활성화 지원사업 평가(2016)
한국저작권위원회: 국가디지털콘텐츠 식별체계(UCI) 사업평가 및 만족도 조사(2015)
한국전력기술㈜: 중장기 경영전략 Rolling 용역(2010)
한국전자통신연구원: 광기반 공정혁신 플랫폼의 산업체 지원 수요조사, 수요자 만족도 및 생산성 향상분석(2014)
한국정보화진흥원: 2010/2011년 정보화정책 연구성과 분석(2011)
한국환경공단: 한국환경공단 직급조정관련 직원 경력 확인 및 환산용역(2010)

구매관리 조직 실무능력개발 매뉴얼

초　　판 : 2018년 07월 12일

지 은 이 : 편창규, 편제호 공저

펴 낸 이 : 김정희

발 행 처 : 효산경영연구소 지식인력개발원

출판등록 : 1992. 6.16 제2-1392

주　　소 : 서울특별시 영등포구 63로 36, 5층(여의도동 리버타워)

전　　화 : 02) 561-0310

팩　　스 : 02) 561-9975

홈페이지 : www.hsojt.co.kr(교육), www.hyosan.re.kr(연구소)

저자상담 : ck55p@hyosan.re.kr

본서는 저작권으로 보호되고 있으므로 무단 복제, 인용 행위를 금지하며, 파본은 교환하여 드립니다.

정 가 9,000원　　　　ISBN 978-89-87367-27-9
　　　　　　　　　　ISBN 978-89-87367-17-0(세트)